藤田幽谷のものがたり Ⅲ

梶山孝夫

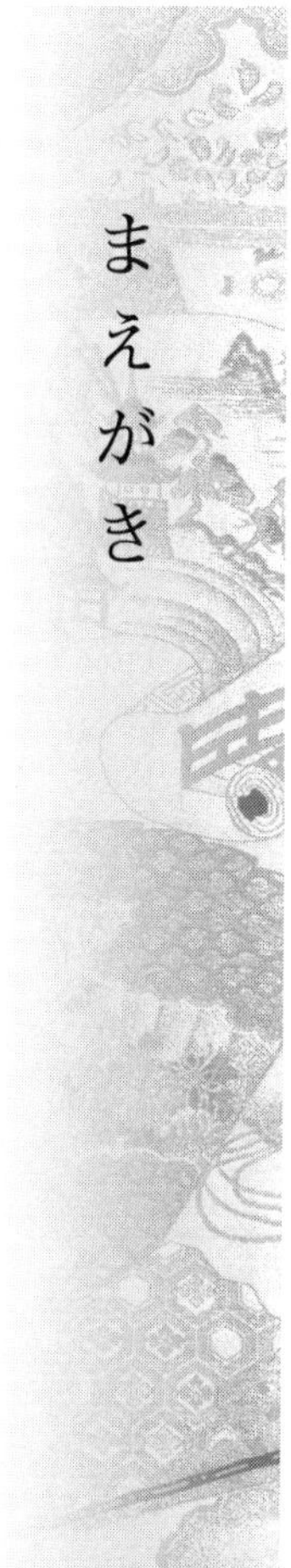

まえがき

稀代の歴史家である藤田幽谷と師立原翠軒との間柄を縦の関係としますと、館僚の青山雲龍とのそれは横の関係といえましょう。横の関係はお互いが忌憚のない意見を交換し、切磋琢磨できる間柄にありますが、幽谷と雲龍はまさにそのような関係であろうと思います。本書はその横の関係に注目して、この両者を歴史家としての位置づけから考えてみたものです。基本的史料の一つは昭和六十三年に国立国会図書館が刊行した『貴重書解題――藤田幽谷書簡――』です。これに加えて『幽谷全集』はいうまでもありませんが、さらに『文辞編年』（子孫の青山勇の撰）、『文苑遺談』『皇朝史略』（以上は雲龍の著述）等を活用しました。とりわけ『貴重書解題――藤田幽谷書簡――』は極めて重要な史料集ですが、その活用は未だ十分とはいえないように思われます。とはいいましても、取り上げることができた史料はわずかにすぎないのですけれども、両者の決定的な相異を明らかにする根拠は提示できたのではないかと思っております。

また『皇朝史略』は歴史家としての雲龍の学識が込められた主著ともいうべきものですから、おのずとこの著述に関して多くの言及が費やされることになりました。

これまでの言及（『藤田幽谷のものがたり』及び『藤田幽谷のものがたりⅡ』）において、幽谷が後期水戸学の、いわば中心的存在であること――それは水戸学の本流といいかえてもよいのですが、その拠るところは義公です――は十分に証明されていると思っておりますが、念には念を入れまして、さらなる幽谷の位置づけを試みてみました。それが本書です。

なお、引用文は読みやすくするために適宜表記を変えた箇所（送り仮名、カタカナ、句読点、ルビ、傍点等の省略など）がありますのでご了承いただきたく存じます。

平成二十九年五月

著者記す

目次

錦正社 図書案内 ⑤水戸学

〒162-0041 東京都新宿区早稲田鶴巻町544-6
電話03(5261)2891 FAX03(5261)2892
https://kinseisha.jp/

水戸斉昭の『偕楽園記』碑文

安見 隆雄著 《水戸の碑文シリーズ5》

水戸偕楽園造営の趣意を示した『偕楽園記』の解説書

原文・書き下し文・平易な意訳と丁寧な解説の他、偕楽園と好文亭、斉昭と茶道、付録には徳川斉昭・偕楽園・『偕楽園記』の貴重な英文史料も収録。斉昭の宇宙観や芸術観、為政者としての姿勢などを読み取る。

定価1,320円〔本体1,200円〕
B6判・112頁
平成18年7月発行
9784764602717

原伍軒と『菁莪遺徳碑』

久野 勝弥著 《水戸の碑文シリーズ4》

原伍軒(原市之進)の生涯と業績を知る

水戸偕楽園の一画に建つ原伍軒の顕彰碑『菁莪遺徳碑』の碑文によって藤田東湖亡き後の水戸藩を代表する人物・原伍軒の生涯と業績を解説し、その歴史的位置を考察する。

定価1,320円〔本体1,200円〕
B6判・118頁
平成17年4月発行
9784764602670

水戸学の窓 原典から読み解く水戸学

宮田 正彦著 水戸史学会発行、錦正社発売

「水戸学」本当の姿を考える

水戸学とは、本当はどのような姿をしているものなのか。漢文で書かれた先人たちの文章を味読し、その疑問に応える。

定価2,750円〔本体2,500円〕
A5判・212頁
平成29年11月発行
9784764601321

水戸光圀の『梅里先生碑』

宮田 正彦著 《水戸の碑文シリーズ3》

梅里先生碑の文は水戸光圀の自伝である

全文僅か二九九文字のものであるが、水戸光圀自身が後世に残すつもりで書き記し、この中に水戸光圀七十三年の生涯のエキスが詰め込まれている。Q&Aも必読。

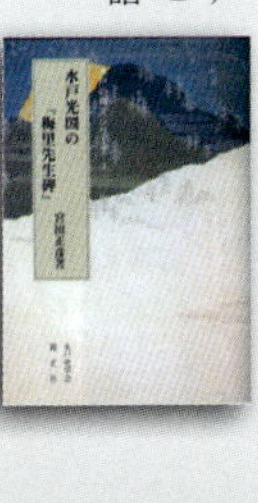

定価1,320円〔本体1,200円〕
B6判・96頁
平成16年3月発行
9784764602656

水戸烈公と藤田東湖『弘道館記』の碑文

但野 正弘著 《水戸の碑文シリーズ2》

天下の名文『弘道館記』碑文の解説書

「弘道館」の、建学の精神を格調高く天下に宣言した『弘道館記』の原文と書き下し文・平易な現代語訳と語釈。

定価1,100円〔本体1,000円〕
B6判・120頁
平成14年8月発行
9784764602618

栗田寛博士と『継往開来』の碑文

照沼 好文著 《水戸の碑文シリーズ1》

現代の私たちが失っている「学問の意味」とは?

内藤耻叟撰文の『継往開来』の碑文を中心に、明治の碩学栗田寛の生涯について述べる。その生涯と業績は、総てこの碑文の中に濃縮されている。

定価1,540円〔本体1,400円〕
B6判・90頁
平成14年3月発行
9784764602588

水戸の国学者 吉田活堂

梶山　孝夫著　《水戸の人物シリーズ11》

水戸のユニークな国学者吉田活堂（令世）の人物像に迫る

藤田幽谷の門人で、東湖の義兄に当たる吉田活堂は、水戸学に国学を積極的に取り入れようとした人物である。本書は、水戸学の一翼を担った吉田活堂に光を当て、彼の生涯を明らかにし、水戸学・国学史上の役割を考える。

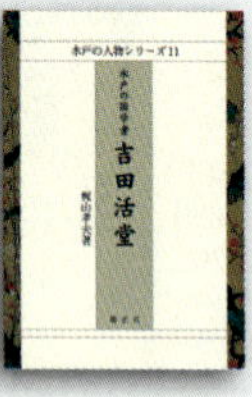

定価1,430円
〔本体1,300円〕
B6判・132頁
平成30年7月発行
9784764601369

会沢正志斎の生涯

安見　隆雄著　《水戸の人物シリーズ10》

後期水戸学の大成者会沢正志斎の生涯に迫る

明治新政府の組織・制度の確立に大きな役割を果たした『新論』の著者にして彰考館の総裁・弘道館の総教であった会沢正志斎が水戸藩政に果たした功績とは。水戸藩の幕末・維新史としても必読の書。

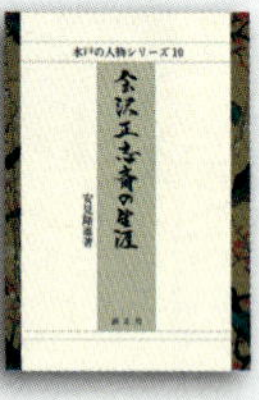

定価2,530円
〔本体2,300円〕
B6判・228頁
平成28年5月発行
9784764601260

慈愛の郡奉行 小宮山楓軒

仲田　昭一著　《水戸の人物シリーズ9》

水戸藩の名郡奉行＝楓軒の人物像を明らかに

水戸藩で農村改革の実践に当たった小宮山楓軒。名郡奉行としての人格、政策遂行共に優れ、領民に慕われた楓軒の人物像と学者としての素顔、業績を明らかにする。生涯・業績を繙き慈愛の心溢れる楓軒の気概を学ぶ。

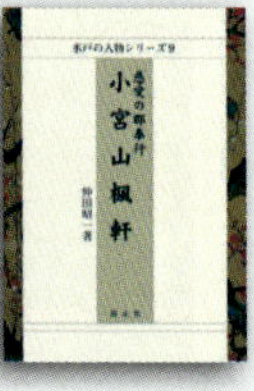

定価1,650円
〔本体1,500円〕
B6判・160頁
平成24年7月発行
9784764602939

桜田門外の変と蓮田一五郎

但野　正弘著　《水戸の人物シリーズ8》

「桜田門外の変」の真相と桜田烈士蓮田一五郎の生涯

安政の大獄から桜田門外の変に至る幕末の複雑な経緯や事変の真相を判りやすく解説するとともに、貧しい下士の家に生まれ苦学力行し、井伊大老要撃に一命掛け、二十九歳で処刑された蓮田一五郎の人物像を母姉宛の「遺書」や「手記」「桜田事変図」など残された史料から解き明かす。

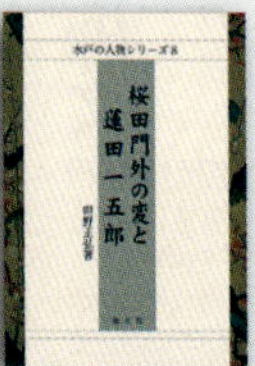

定価1,210円
〔本体1,100円〕
B6判・136頁
平成22年7月発行
9784764602854

助さん・佐々介三郎の旅人生

但野　正弘著　《水戸の人物シリーズ7》

〝助さん〟こと佐々介三郎の生涯と人物像に迫る

瀬戸内海の一小島で一家の旅の途中に生まれ、前半生は僧侶として、後半生は水戸藩士・史臣として「旅」とともに生涯を送った佐々介三郎。その本当の人物像とは？　佐々介三郎を研究し続けた著者が判りやすく紹介する。

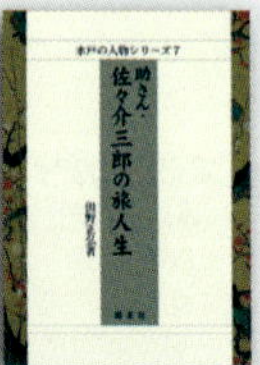

定価1,760円
〔本体1,600円〕
B6判・180頁
平成20年7月発行
9784764602830

藤田東湖の生涯

但野　正弘著　《水戸の人物シリーズ6》

藩政改革の傑人藤田東湖の実像に迫る

慶喜公に伝えられた義公以来の遺訓は幕府最後の土壇場で見事な光を放ち日本国家を守ることができた。その遺訓こそが「水戸の心」であり、藤田東湖のいう「大義を明らかにして人心を正す」にほかならなかった。

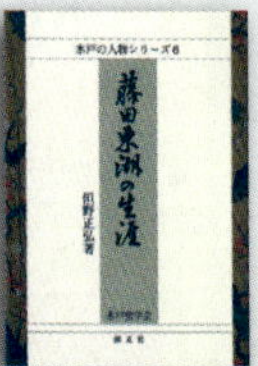

定価1,430円
〔本体1,300円〕
B6判・176頁
平成9年10月発行
9784764603516

水戸学の道統

名越　時正著　《水戸史学選書》

水戸史学会創立五十周年を前に、待望の復刊

「水戸学」は、徳川光圀をはじめとして数多くの先人たちが、苦心によって探究し、長い年月の間の錬磨を積み重ね、そして、自分一身の生命を賭けて実践してきたものである。したがって、そこに終始一貫した道統があった。

定価2,860円
〔本体2,600円〕
B6判・212頁
令和4年7月発行
9784764601475

若き日の藤田幽谷　その学問形成

梶山　孝夫著　《水戸史学選書》

青少年期の幽谷に焦点を当て、その学問形成を探る

後期水戸学の中心的存在で水戸学の本流であった藤田幽谷の青少年期の学問成果に注目し、その形成の一端を明らかにする。

定価3,520円
〔本体3,200円〕
B6判・312頁
令和3年7月発行
9784764601444

吉田松陰と水戸

仲田　昭一著　《水戸史学選書》

「水府の学」「水戸学」の今日的意味を問う

「他藩士と水戸」では、高山彦九郎が果たした影響、吉田松陰が学び得た水戸の学問、天狗・諸生の争乱とこれに参加した越惣太郎の役割、小宮山楓軒による諸藩と水戸藩の治政を比較した名観察等を紹介。

定価3,740円
〔本体3,400円〕
B6判・352頁
平成27年7月発行
9784764601239

現代水戸学論批判

梶山　孝夫著　《水戸史学選書》

水戸学とは、一体、何なのか

水戸学の探究のためにも現代水戸学論の批判と修正を図りつつ、虚心坦懐に水戸の先人が求めたところを明らかにする。

定価2,970円
〔本体2,700円〕
B6判・288頁
平成19年5月発行
9784764602731

水戸学の復興　幽谷・東湖そして烈公

宮田　正彦著　《水戸史学選書》

光圀歿後、水戸学を支え復興した精神と行動を藤田幽谷・藤田東湖・烈公（徳川斉昭）を通して探る

定価3,080円
〔本体2,800円〕
B6判・256頁
平成26年7月発行
9784764601185

水戸学逍遥

但野　正弘著　《水戸史学選書》

意外と知られていない水戸の歴史に触れる

吉田松陰・橋本景岳・渋沢栄一と水戸の関わりや水戸藩における震災・津波の歴史、ドラマ等で描かれる水戸藩と史実との乖離……。

定価2,530円
〔本体2,300円〕
B6判・208頁
平成26年1月発行
9784764602984

水戸光圀の餘香を訪ねて

住谷　光一著　《水戸史学選書》

光圀公由縁の地を著者自ら訪ね続けること八年余

旧家を尋ね当ては、その遺風の三百年を隔ててなほ人々に慕はるるに驚き、湮滅した遺跡の迹に立つては、これを土地の人に尋ね、さらに文献を渉猟して、その感激・感懐を筆に託して纏めあげた珠玉の書。

定価3,080円
〔本体2,800円〕
B6判・250頁
平成19年5月発行
9784764602748

続　水戸光圀の餘香を訪ねて

住谷　光一著　《水戸史学選書》

光圀由縁の地を訪ね時空を越えて伝わる面影を垣間見る

前著に続き、その感激・感懐を筆に託して昔日の物語を繙く。

定価3,080円
〔本体2,800円〕
B6判・240頁
平成23年11月発行
9784764602915

続々　水戸光圀の餘香を訪ねて

住谷　光一著　《水戸史学選書》

人々の心の奥深くにしみ込んでいる光圀の偉大な足跡

定価3,080円
〔本体2,800円〕
B6判・264頁
平成29年7月発行
9784764601314

水戸藩と領民

仲田　昭一著

《水戸史学選書》

水戸藩と領民が織りなす厳しくも温かく美しい人間模様

水戸藩と領民とが諸課題に立ち向かい、謙虚に、誠実に未来を開こうとした先人達の「誠意」を抽出してその想いを今に伝える。

定価2,970円
〔本体2,700円〕
B6判・256頁
平成20年7月発行
9784764602816

大日本史の史眼 その構成と叙述

梶山　孝夫著

《水戸史学選書》

水戸の学問の集大成である『大日本史』の神髄に迫る

『史記』に依拠したものとされる『大日本史』の構成と叙述に於ける相違点を徹底的に検証し、その特色を探求しようと試みる。

定価3,740円
〔本体3,400円〕
B6判・336頁
平成25年2月発行
9784764602953

大日本史と扶桑拾葉集

梶山　孝夫著

《水戸史学選書》

大日本史と扶桑拾葉集の今日的役割を明らかにする

水戸藩が総力をあげて編纂した「大日本史」と「扶桑拾葉集」どちらも汲めども尽きない巨大な学問大系を有している。

定価3,190円
〔本体2,900円〕
B6判・230頁
平成14年7月発行
9784764602595

北方領土探検史の新研究

その水戸藩との関はり

吉澤　義一著

《水戸史学選書》

幕末の日露交渉の真相に迫る

間宮林蔵、木村謙次、松浦武四郎らと水戸藩とのつながりを考究。

定価3,740円
〔本体3,400円〕
B6判・256頁
平成15年7月発行
9784764602632

新版 佐々介三郎宗淳

但野　正弘著

《水戸史学選書》

黄門様の片腕助さんこと佐々介三郎の実像に迫る

定価3,311円
〔本体3,010円〕
B6判・262頁
昭和63年7月発行
9784764602106

水戸光圀と京都

安見　隆雄著

《水戸史学選書》

義公薨後三百年記念出版

義公が朝廷を深く崇敬したことは多くの史料などから明らかであり、そこに光圀の学問・精神があり、これによって興ったのが水戸学である。

定価4,290円
〔本体3,900円〕
B6判・404頁
平成12年2月発行
9784764602533

水戸の學風 特に栗田寛博士を中心として

照沼　好文著

《水戸史学選書》

水戸出身の明治の碩学で『大日本史』の完成者

定価3,520円
〔本体3,200円〕
B6判・286頁
平成10年7月発行
9784764602465

水戸光圀の遺猷

宮田　正彦著

《水戸史学選書》

「水戸黄門」の真実の一端を明らかにする

定価3,960円
〔本体3,600円〕
B6判・300頁
平成10年2月発行
9784764602458

水戸の國學 吉田活堂を中心として

梶山　孝夫著

《水戸史学選書》

古典研究の流れに大きな役割を果たしてきた水戸学

定価3,740円
〔本体3,400円〕
B6判・300頁
平成9年4月発行
9784764602328

他藩士の見た水戸

久野　勝弥編

《水戸史学選書》

近代日本の成立に重大な影響があった水戸の思想と行動

定価2,970円
〔本体2,700円〕
B6判・222頁
平成3年7月発行
9784764602168

新版 水戸光圀

名越　時正著

《水戸史学選書》

義公から脈々と著者に伝わる「興廃継絶」の精神

定価3,098円
〔本体2,816円〕
B6判・228頁
昭和61年7月発行
9784764602038

一　二人の歴史家

江戸後期の水戸藩は二人の偉大な歴史家を生んでいます。二人はほとんど同年、詳しく言いますと二歳の年齢差がありますが、その出自には若干の相異がみられます。その二人、年長を藤田幽谷（名は一正《かずまさ》）、年少を青山雲龍（名は延于《のぶゆき》）といいます。ともに時の藩公から信任を得て彰考館の総裁を務めています。彰考館はいうまでもありませんが、二代藩主である義公光圀によって開かれた『大日本史』の編纂所のことで、通常史館と呼ばれています。江戸中期から後期にかけてはその編纂事業が停滞していましたが、それを復活させていわば継続事業としてレールに乗せたのがこの二人です。二人はともに立原翠軒の門人でしたが、それは特段不思議なことではありません。当時、才能ある年少者が翠軒の薫陶を受けることは通例であったからです。ここでは翠軒が『大日本史』編纂の進捗に努めた史館総裁であり、中央の学者と交わった文人として、その名が世に知られていたことを確認しておくに止めておきます。

年長の藤田幽谷は安永三年の生まれ、古着商を営む父安善の次男です。十一歳のころ翠軒の門に学び、めきめきと学力を付け、十三歳の時、翠軒と親交がありました長老長久保赤水の古稀を寿ぐ文章を作りました。それを赤水が大いに賞揚し、世に神童として吹聴しました。以後内外の古典を渉猟し、十七歳の時に書いた「原子簡を送るの序」や翌年の「正名論」などをみますと、このころすでに学問が確立していることが容易にうかがえます。史館に入るのは十五歳の時です。

幽谷に二年後れて、安永五年に生を受けた青山雲龍は舜水祠堂守を務めていた延彝《のぶつね》の三男です。青山氏は雲龍の祖父でありますが興道の時、水戸に仕えて祠堂守となり、講釈を務める一方で史館でもその学識を発揮しました。父延彝は神道学者（後年、雲龍は『文苑遺談』に丸山可澄《よしずみ》以後「国学に通ず」る唯一の存在であると記しています）として知られています。翠軒に教えを受けるのは十四歳からです。このような出自をみますと、幽谷と雲龍の相異は明らかですが、数代前に仕えたという観点からは師である立原翠軒と類似するといってもよいと思われます。実は雲龍にも十四・五歳の頃の作に赤水の還郷を賀する文章がありますので奇縁というべきでしょうか。史館に入るのは十九歳の時です。

この二人は館僚の間柄ですから、お互いが交流を維持していたことは当然なのですが、それは翠軒門、そして史館員を経て、やがてともに総裁に上り、藩公の信任を得たことといい、また封事の上呈に及んでいることといい、共通する事情が多々みられることからも知られます。

以下、本書ではこの二人を歴史家という観点から対比しつつ、その学問思想を考えてみたいと思います。二人は必ずしも修史観や歴史観において同一ではありませんが、対比することにより幽谷の学問思想がいっそう明らかになるのではないかと思われるからです。

二　雲龍の送序文

幽谷と雲龍における学問思想の相互関係を考えます時、まず注目しなければならないのは「藤子定の江戸に之《ゆ》くを送るの序」(子定は字《あざな》です)という文章です。晩年の書簡交換は頻繁になされていますが、若い時分のものは明らかではありません。この送序文は『拙斎小集』や子孫の青山勇によって編集されました『文辞編年』に収められています。

送序文は水戸から江戸に転勤になった場合のものがよく知られていますが、また逆に江戸から水戸への場合もあるわけです。それも藩士同志の場合もあれば、そうでないこともありました。前著Ⅱで紹介しました太田錦城の「水戸の藤田子定を送るの序」(寛政九年)は幽谷が江戸から水戸へ帰る際のものです。とりわけ安積澹泊は多くの送序文を書いていますが、「村篁渓《そんこうけい》の江戸に之くを送るの序」はその代表的な文章といえます。村篁渓といいますのは当時の総裁である中村篁渓のことです。江戸行に際し、義公の遺志を推し量りつつ自らの修史観を披瀝して、館僚への激励と期待を述べたものです。

もちろん幽谷も書いているわけですが、たとえば「安芸の頼春水を送るの序」「備中古河翁の巡検使に従い奥羽二州に適《ゆ》くを送るの序」「丹叔倫の帰郷を送るの序」などがあります。これらは十五歳の作ですが、おそらく神童と誉れ高い幽谷少年に先輩諸氏が求めたものでしょうし、春水などは子息の山陽にみせて発憤を促す材料としたに違いありません。

さて、雲龍の「藤子定の江戸に之くを送るの序」ですが、享和二年、雲龍が二十七歳の時の文章です。幽谷は二歳の年長ですから二十九歳です。この年幽谷は家塾青藍舎を営んでいますが、すでに再入館しており江戸行きを命ぜられ、翌年家を江戸に移します。文章の末尾に「子定将に行かんとし、予の言を求む」とみえていますので、幽谷が雲龍に求めた一文となるでしょう。後年の二人の思想関係をみますと興味深いものがありますが、この時分の関係は良好だったようです。以下には、漢文(原文は白文)ですので読み下しとし、また適宜分割して掲げます。

文章の道は史より難きは莫し。蓋し、修史の難きに非ずして、刪述の難きなり。何を以て之を言はん。夫れ、史は天下の史にして、其の善悪得失、是非曲直、将に与に天下に之を公にし、理乱善敗、是に於いてか之を観る。褒貶予奪、是に於いてか之を懼る。文物典章、是に於いてか之を徴す。礼楽政刑、是に於いてか之を攷ふ。故に曰く、義例明かならずんば、以て史と為すに足らざるなり。攷覈《こうかく》精からずんば、以て史と為すに足らざるなり。議論公ならずんば、以て史と為すに足らざるなり。志表備はらずんば、以て史と為すに足らざるなりと。故に光明雋《しゅん》偉《い》卓見宏識の人有りと雖も、才高く、一たび世に言ひて一家を成すは、必ずや後世の刪述を俟ちて、而る後始めて定まる。乃ち論亡んで仲尼詩書を刪じ、魯史を述ぶ。即ち史記の成るは子長に於ける、漢書の成るは孟堅大家に於ける、皆其の先緒を襲ひ、以て其の功を成す。苟も是に如かざれば、則ち以て一代の大典を成すに足らず。憲を垂れて将来に於ける、信を取りて後世に於けるなり。

この冒頭は雲龍の歴史観が明らかにうかがえるところです。歴史は文章（言葉）によって表明されるのですから、その重要さ、難しさを説いています。文章は歴史を書くことにおいてもっとも難しく、その難しさは歴史を編纂することにあるのではなく、それを修訂筆削補正することにあるというのです。そして歴史は「善悪得失」や「是非曲直」を明らかにするものであるから、正確で議論は公でなければならず、また志表も備わってなければならないとし、優れた人であっても後世の筆削によって論が定まるとしています。あの孔子も、『史記』の司馬遷も、『漢書』の班固もそうだったとするのです。仲尼と子長と孟堅はそれぞれの字です。「善悪得失」は次の段にもみえていますが、後で比較の材料になりますのでこの言葉に注目しておきましょう。「攷覈」はきびしく調べ考える、「雋偉」は極めてすぐれているの意です。

夫れ、我先君義公は不世出の資にして、学を好み、士を聘し、広く英雋を羅《つら》ねて、以て国朝の史を修む。史漢の体に倣ひて、春秋の旨を取り、其の善悪得失、是非予奪、善なる者をして以て勧め、善ならざる者をして以て懲らすに足る。夫れ、大友を帝紀に列し、光厳を閏位に置き、僭乱の源を防ぎ、覬覦《きゆ》の望を絶つ若きは、実に公の卓見偉識にして、人をして歎服已まざらしむるは、謂はざるの良史なるべけんや。鉛槧《えんざん》を恨み、未だ竣らずして義公世に即く。先君粛公に至り、然る後紀伝竣功す。而れども志の、表と与に欠いて未だ備はらず。其の後数公を歴て能く緒に就くこと莫し。今公文学を崇尚し、先緒の未だ就かざるを閔《なや》む。有志の纂修に於ける、日に総裁二三の臣と与に、史事を論定す。而れども諸生亦校讐を拮据し、已に入れ申して退く。矻矻として日を窮する者茲に年有り。然る後刪潤して竣功し、成るを大廟に告ぐ。夫れ、義公の卓見偉識を以て、継いで粛公の紹述を以てするも猶遺る所有り。今公の刪定を俟ちて、而る後克く其の功を済《す》む。然れども志の、表と与に至り、猶未だ備はらず。余、故に曰く、修史の難きに非ずして、刪述の難きなり。今や紀伝の業を卒へ、刪定の功を畢はると雖も、然れども巻袠の多く、事類の繁くして淘汰未だ尽くさず。牴悟《ていご》無きに非ず。故に本末は必ず非、今の本末は必ず是、或いは剪《せん》截《せつ》太《はなは》だ過ぐる有りて言萎へる者、或いは藻飾浮実有りて其の体を破砕する者、或いは位置宜しきを失ひ、昭穆して次を易ふる者、列伝の首、義烈、而る後孝子、聖武孝謙紀の例、各々紀して天皇と書す如きは、所謂点竄未だ精しからざる者なり。（以下若干省略）

ここの冒頭は義公論です。まずは後述との関係で国朝という記述に留意しておいてください（省略部分とさらに後段にもみえています）。「史漢の体」は『史記』と『漢書』の体裁のことです。続く傍線部が修史における義公の位置づけですが、いわゆる三大特筆に言及してその価値を述べています（神功皇后についてはふれておりませんけれども）。しかしながら、完成に至らず、粛公、そして今公（文公のこと）に継続されたというのです。それでもなお、志表が備わっていないことはまさに筆削の難しさを示すもので、紀伝は成ったけれども十分ではなく、前後食い違っているところがみられるとし、その実例を指摘しています。続く箇所は省略しましたが、不備の実例と体裁について言及しています。「覬覦の望」は下の者が上のことを望む、「鉛槧」は文章を書く職業、「牴悟」は物事がくいちがう、

「剪截」ははさみで断ち切るの意です。

夫れ、以て今公の聡明特に達するも、纘述の美、猶未だ天下に輝やかず。予、憾み無きあたはず。今年冬渡邉君に申命す。国史を提挙するに何を凶とするかと。又藤田子定を召す。子定は博洽にして文を能くし、尤も史学に精し。蓋し、史員に於けるや、褒然として巨擘を称すと云ふ。始め予、史館在りて子定と丹鉛の事を同じくし、居りて恒に討論し此に及ぶ。未だ嘗て巻を釈かずして歎かざるなり。自後、予史職を罷め、行伍に出補す。生来の旧業、弁髦啻ならず。然ども時に或いは往来し、討論商推し、撃節以て快と為す。子定史を論ずること極めて精確と為す。吾未だ嘗て其の職の超卓に服せざることあらず。而して歓ぶも其の議の行はれざるなり。今是の挙を聞く。予喜びて後知るべきなり。子定将に行かんとし、予の言を求む。予則ち言ひて曰く、今、修史の竣功すると雖も公よりの明達、之を観る。猶未だ意に満たざる者有るごとし。今吾、子の召され、必ず将に焉を諮り其の言を行はんとすれば、則ち国朝の典章経制、其れ果たして伝有らんか。先君の大著は作ること数公を歴て未だ就かざる者、其れ果たして成る有らんか。斯れ、豈に一大の盛事に非ざらんや。然りと雖も吾に尚説有り。夫れ才高ければ則ち異の病を立つる有り。聞博ければ則ち好奇の累有り。子長尚然り。況んや其の他においてをや。吾、吾が子の与論に就いて之を裁し、衆議を択んで之に従はんと欲す。夫れ然る後憾み無し。子定勉めよや。金匱を紬して石室を繹し、昭代の大典を成して、以て天下に寵錫《ちょうちゃく》す。豈に惟今公の纘述の美は、振古を輝かすに有り。其の実、先君の大徳を光昭す。其れ、勉めざるべけんやと。子定拝し稽首して曰く、吾、子の言之に命ずと。

この段では幽谷との関係に及んでいますが、その記述内容は大きく二点にまとめられると思います。まずは傍線部前段ですが、ここでは館僚としての間柄と優れた学識に言及して幽谷の史筆に期待を表明しているようです。傍線部後段では、そのような才能に対する危惧の念を述べています。それは一般論として述べたものでしょうけれども、幽谷には「異の病」と「好奇の累」があるというのです。そして、それは子長すなわち司馬遷といえども免れなかったとして、「与論」と「衆議」を参考とせよというわけです。恐らくは幽谷の性格を衝いたものかと思われますが、幽谷はそれを受け入れて胆に銘ずることになったわけです。

なお、「金匱《きんき》を紬して石室を繹し」といいますのは、『史記』の「太史公自序」にみえる一句で、糸口を見つけて問題点をたぐり出すことを意味します。「先君」はいうまでもなく義公、「寵錫」は贈り物のことです。

以上が雲龍の送序文の大要ですが、自らの歴史観の表明とともに館僚に対する懇切な激励文といえますし、総じて彼の学識がうかがえる文章かと思われます。なお、雲龍は川口嬰卿の墓誌に本藩の文学著者として川口とともに高橋広備と藤田幽谷を挙げておりますので、幽谷の才を高く評価していたことは明らかですが、さらに『拙斎小集』には「送藤子定之江戸」「送藤子定之京」などの詩も収められています。

ところで、幽谷には「原子簡を送るの序」という送序文があります。十七歳の執筆で年長の館僚である原子簡の江戸行の際に送ったものです。前半が孔子と『春秋』に関する論述ですが、広く採れば歴史論ということもできると思います。後段が義公論ですが、『春秋』にも関連しますので次に掲げてみましょう。

我西山公、嘗て是非の迹天下に明かならずして、善人勧むる所無く、悪者懼るる所無きを憂ひ、乃ち慨然として大日本史を修す。上は皇統の正閏を議し、下は人臣の賢否を弁じ、帝室を尊んで以て覇府を賤しめ、国朝を内にして以て蕃国を外にす。蓋し、聖人経世の意に庶幾《ちか》からんか。史冊絶筆の後、載籍闕文の余、天下の放失の旧聞を網羅し、異伝を協せ雑語を整ふ。其の世は則ち百王に終始し、其の事は則ち二千余歳を上下す。孔子の魯史に因って春秋を修するに、十二公二百四十余年の事を以てすると、その難易相去るや遠し。故にその間闕文も亦復鮮なからず。後人或いは孔子春秋を修するの義に達せず、故に先公史を作るの旨を知る能はず。謂ふ、其の書たる、辞を属し事を比するのみと。或いは乃ち闕文を以て之を病むに至る。何ぞ其の思はざるの甚だしきや。西山公既に薨じて九十年、今公先公の志、後世君子に竢《ま》つ在るを以ての故に、将に以て其の書を校讐し、板に鏤《きざ》んで以て諸を天下に公にせんとす。乃ち史臣の其の事に堪へる者を択び、史局に江戸藩邸に就かしめ、以て其の業に従はしむ。原兄子簡も亦其の選に充てらる。是に於いて同僚の士、詩若しくは文を為りて以て其の行を送る。余、竊かに嘗て以為らく、日本史の書たる、是非褒貶先公の志に自りて、辞を属し事を比するに諸を良士の手に仮《か》る。亦何ぞ後人の一辞を賛するを竢たんや。然れば則ち子簡の業も亦三豕《さんし》の訛を弁ずるに過ぎざるのみ。春秋の闕文は其の経世の大典為るに害無し。則ち子簡、宜しく古人謹重の意を服膺すべく、豈に妄りに穿鑿を為して以て旧章を乱すを得んや。子簡の従事する所は日本史の業、而して日本史は乃ち先公の心を寓する所、春秋の後乃ち斯の書有り。故に余の子簡の行に於いて春秋の義を論次すること此の如し。書して以て贈る。

春秋論をふまえて義公修史の神髄を捉えていることが読み取れますが、その修史に携わる原子簡を激励するとともにその活躍を期待した文面です。同時に幽谷は「春秋独り魯史を名とせず」（「あとがきにかえて」をご参照ください）という文章を書いていますので、その勉強の成果が早速表明されたということができます。末尾に「而して日本史は乃ち先公の心を寓する所、春秋の後乃ち斯の書有り」とみえることは『大日本史』の『春秋』に比すべき史書としての位置づけを証するものですし、特に傍線部は修史の本質を把握したものとして極めて重要な箇所です。

この文章は多くの送序文の中でも、『修史始末』に全文を引用した安積澹泊の「村篁渓の江戸に之くを送るの序」（ちなみに、この文章には皇朝の使用例がみられます）に匹敵する、いな優るとも劣らぬ一大文章であって、幽谷の義公観形成の過程がうかがえる重要な文章といえるでしょう。

なお、文中の「三豕の訛」といいますのは前段に述べていることなのですが、晋の歴史書にみえる「三豕渡河」が「己亥渡河」の誤りであることを指しています。それを指摘したのは孔子の弟子である子夏ですが、それほどの人物でも『春秋』に関しては何の言葉も加える事ができなかったというのです。それを述べて戒めとしたわけです（宮田正彦氏『水戸学の復興――幽谷・東湖そして烈公――』をご参照ください）。

また、後述するところと関連しますので、雲龍の国朝と幽谷の天朝という表現にも留意しておきたいと思います。

三　国史の事を論ず

雲龍に『文苑遺談』という著述がありますが、その続集の末尾に自らの伝記を綴っています。この著述については別に論ずるところがありますが、史館の代表的な人物の伝記を集めたものです。標題としての人物名には諱を使用していますので、自らの項は「青山延于」で「自序」と付記されています。この「自序」というのは、あるいは司馬遷の「太史公自序」に倣ったのかもしれません。その後半部に「享和の末、余再び史館に入る。時に高橋広備書を館中の諸子に貽《おく》り、国史の事を論ず。(其の書上に見ゆ)余復書有り。今此に載す」との記載の後に、その復書を掲載しています。

雲龍も述べていますように、この復書は高橋広備(字を子大といいます。幽谷とともに「両神童」と評された人物です。後に総裁となります)への復書、すなわち返事です。その返事の内容は反論といってもよいものですから、まずは広備の主張からみておきたいと思います。この広備の書も「其の書上に見ゆ」と記している通り、続集の高橋広備の項に収められておりますが、かなりの長文です(原文は漢文。以下『文苑遺談』収録はすべて漢文ですので読み下しとします)。この書簡は享和三年の正月に提出されたものですが、時に広備は幽谷の三歳年長で三十三歳でした。

書き出しの部分を省略しまして、国史再訂に関する記述から検討してみましょう。便宜上、数段に区切って掲げます。

蓋し、吾が国史の議、義公の薨ずるを距つこと、百有余年にして未だ決せず。豈に其の時世の不可なる所有らんか。抑も史臣の論、未だ定まらざる所有らんか。何ぞ其の淹留稽緩、廼ち此の如きか。客歳上公の英断を以て更に再訂の命を下す。渡邊伯驥を以て総司と為し、其の事を監せしめ、館生の進退黜陟《ちゅっちょく》、悉く之に委ぬ。是に於いて首に藤田子定を江邸に召す。其の他才学有りて曾て外補の者は亦館職に就く。不肖広備の如き者も、亦辱なくも采録を蒙る。頃《このごろ》又、志表補脩の命有り。館政一新、耳目之が為に改まり、殆ど将に先公の旧に復せんとす。苟も此の機に乗じ、刊修検討、又何の決せざる所あらん。成るを告ぐるの期、日を指して定むべし。備、竊《ひそか》に国家の為に之を慶す。

「上公」は文公治保のことですが、その文公により再訂の命が下されたわけです。前年（享和二年）のことです。渡邊伯驥は名を騰といい、半介と称した人物で修史事業の統括責任者です。幽谷や広備が修史に再び従事することになったのです。「黜陟」は功績のない者を退け、功績のある者を昇進させることです。

備、頃館に在り。上公、総司渡邊騰をして命を伝へしめて曰く、凡そ史の論賛有るは、是れ皆勝国累代の得失を論ず。口を極めて是非するは固より妨げざる所なり。独り我が天朝は百王一姓にして、方今の世、至尊垂拱して政を関東に委ぬと雖も、然れども君臣の名分は厳乎として乱れず。四海の内、皆正朔を奉ぜざるは莫し。上世は遠しと雖も均しく之《これ》祖宗、今其の得失を論じ、忌憚する所無きは、事態已に宜しき所に非ず。安ぞ先公の意に負かざるを知らんや。寡人の意、悉く之を刪去せんと欲す。宜しく詳議すべしと。広備、謹んで其の命を奉じ、因りて局中の諸子に謂ひて曰く、蓋し、史の紀伝を分つは、其の体司馬子長氏より創まる。而して其の末に各々係くるに論賛を以てし、其の得失善悪を是非す。是れ、蓋し一家の私議にして固より天下の公論に非ざるなり。然りと雖も、歴代の史を脩むる者は皆因襲して敢て違はず。先君義公、不世の卓識を以て、一代の大典を創《はじ》む。蓋し、亦其の紀書表伝の体に倣へるなり。

文公の意を体しつつ（傍線部前段に留意）義公の遺志に及んでいます。司馬遷の論賛は公論ではなく私議であると断言しています（傍線部後段に留意）。才気あふれる堂々たる主張ということができると思います。

夫れ、天朝は中世以降、実録国史の設くるや久しく廃して、其の文献の人間《じんかん》に在る者、亦唯稗官野史、僅かに徴するに足るのみ。公、廼ち人を四方に使して縉紳の秘記を請ひ、名山の逸典を探り、広く蒐め旁く羅《し》きて、其の間多く年所を歴る。故を以て公の世に在るや、史臣の觚《こ》を操り事に従ふ者、僅僅数輩に過ぎず。紀伝未だ稿を脱せず。而して公尋で薨ず。故に当時未だ論賛の議有らず。史臣亦未だ旨を取るに及ばず。粛公の時に至るに迨び、善く先志を継ぎ、日に史臣を督励し、数年にして紀伝始めて藁《こう》を脱す。其の、未だ定名有らざるを以て史臣相議し、冒すに大日本史の号を以てす。

ここは修史の経緯を述べた部分です。義公の時には紀伝がまだ完成せず、論賛の議論もなかった。粛公に至って紀伝が脱稿し、「大日本史」という名が付けられたことにふれています。「觚を操る」は文章を作るの意です。

其の後安覚の史学に老《たけ》たるを以て、之を推して論賛を作り、之を各紀伝の後に附す。而る後、吾が大日本史の名は天下に播し、而して論賛の辞と紀伝と並び伝へ、当時の史臣に論勿《な》く、今日に至るに及んで、敢へて其の間に容喙する莫し。蓋し、澹泊、才学富贍《ふせん》、尤も意を史学に刻し、其の文章議論は、後生晩進して学に定準無く、補綴して以て文を為すの比に非ず。則ち其の軽議せざるは亦其の所なり。然りと雖も人は孔孟に非ずして、筆は左馬に謝す。安ぞ其の論の必ず確に、其の文の必ず精なるを保たんや。今を以て之を観れば、少しく議すべき者有るに似たり。但し時俗の論、日本史の選は、論賛を待ちて始めて全うし、論賛有らずんば、何ぞ日本史を以て為さんと謂ひ、其の偶々之を議する者、謂ひて狂愚と為すに非ずんば、則ち故《ことさら》に異見を立つる者と為すに至る。有識の士と雖も、亦其の童習の見を奪ふこと無し。

安積澹泊が優れた史学の才によって論賛を作ったが、いかに優れていても人は孔子や孟子ではないのだから、今からみれば検討の余地があるとします。俗論では、論賛があって始めて日本史となるのだというが、それは狂愚であり、殊更に異見を唱えるものだと述べています。「富贍」は物がたくさんあって豊かの意です。

備、不佞にして才は短く学は浅し。二三君子の推愛を以て、嘗て館生の末員に列す。昔歳、水館に就き、諸子と出典の同異を考ふ。時に子定の舎に寓し、退食の遑、日に本史を繙閲し、其の題名の先公の旧に非ざるより、紀伝書法の宜しきを失ひ、志表の脩めざるべからざるの議に至る。揚扢商権、毎に夜分に至るも未だ息まず。乃ち其の論賛の辞を閲するに、或いは苛酷を傷まんとする者有り。或いは冗長に失する者有り。しかのみならず、妄りに異邦の史の中、其の事に暗合する者を引き、以て其の博を衒ふ。

広備は幽谷とともに紀伝を校閲しつつ、志表の編纂を議論し、論賛の文章を批判検討したことを述べています。「揚扢商権」は証拠に当たって確かめることです。

備や狂簡にして竊に以為らく、国朝の士、彼と其の短長を較する、固より宜しき所に非ず。先公の本意、恐らくは此の如くならず、且つ其の彼を援き此を証す。之を他の史論随筆に施せば則ち可なり。史賛に於ては則ち大いに其の体を失ふ。然りと雖も、遽《にわか》に其の説を発すれば恐らくは人耳目を驚かさん。廼ち子定と議し、他日を待ちて漸く之を発せんと欲す。比校して事竣《おわ》り、子亦西に帰り、明年再び水戸に到って刊修を議す。因りて子定と与に其の平生の蘊する所を発す。首に毎に紀元年の下、皇太子の天皇位に即くを書する者、舎人氏の旧文を襲ひ、而して其れ麟経《りんけい》以下、歴代諸史の書法に違ふを知らざる者を挙げて之を糾す。他に遺辞の間、繁簡文質、大いに先公の本意に非ざる者より、論賛等の説に及び、条列弁折、余力を遺さず。是に於いて諸子亦稍《やや》其の説に同ぜり。因て子定を推して筆削せしめ、余廼ち西に帰れり。

論賛は先公すなわち義公の本意に沿わないと述べつつ、幽谷との論議によってその平生の蘊蓄を披瀝したとして、紀伝の文体の批判に及んで義公の本意ではないことを繰り返しています。そして、館勢の賛同を得て幽谷に筆削せしめたと述べています。「麟経」は『春秋』のことです。

> 明年子定江邸に来り、意を刊脩に鋭うす。子定書を水館の諸子に贈り、大日本史の号、先公の本意に非ざるを極論し、并せて志表の説に及ぶ。其の言未だ議決に及ばずして、子定職を罷め、居ること幾《いくばく》も無くして、備も亦外補を請ふ。越えて三年、子定旧職に復す。時に総裁及び二三君子の論を以て、紀伝上梓を定むるの議方に盛に行はる。故を以て子定も亦極言せず。題号の議、志表の説、書法論賛の弁、結局如何を知らず。既にして上梓の議亦寝《や》む。去る歳、公の英断を以て、更に今般の挙有り。公又首に賛を刪るの議を下す。其の英見卓識は千古に超過する者、固より言を待たざる所、且つ其の事を発するの始めなり。公の意を決する者、乃ち已に此の如し。其の成功の果、卜せずして知るべし。蓋し、安覚の論賛を作りしより、今に至る殆ど八九十年、一も能く此の義に及ぶなし。広備等僅かに彼を断ち此を補ひ、以て其の罅漏《かろう》を弥縫せんと欲す。抑も亦陋なり。公、先公を追述し、天朝の意を重んじ、断然之を削り去る。是れ固より盛徳の事、以て尚ぶことなし。広備不肖、謹んで公の意を原《たず》ね、更に之を春秋の義に考ふるに、実に仲尼の意に合へりと為す。

傍線部は幽谷の「校正局諸学士に与ふるの書」のことですが、二十四歳の寛政九年に献策したものです。これについては後述しますが、広備は幽谷の主張を全面的に援用して論賛削除を提言したわけです。そして、ついに文公の英断によって論賛削除が決定されたとし、それは義公を追述し天朝を重んじた結果だというのです。また文公の意を探り、さらに「春秋の義」によって考えてみると、孔子の意に合うとしたわけです。「罅漏」は事のすきまの意です。

夫れ春秋二百余年、君臣の事実、一に魯史の成法に拠る。公是公非、事に拠り直書し、未だ嘗て別に一語を加へて其の得失を論ぜず。蓋し以為らく、其の善悪得失の如き、観る者の意如何に在るのみ。安ぞ一人の私見を以て、天下の公論を定むるを得んや。且つ夫れ成敗を以て、其の人を論ずる者、後世の講学家の流弊なり。孔子の時、則ち是れ無きなり。夫れ孔子は聖者なり。其の人に於ける、慎重にして軽議せざる、猶尚此の如し。況んや其の下なる者をや。子長茲に考ふる能はず。妄りに係くるに軽重の辞を以てす。但し、其の抑揚褒貶の間、従容として迫らざる者特に古に近しと為すのみ。然れども其の当世を論じ、頗る隠諱無き能はざれば、則ち豈に春秋の義に拠りて始め其の説無きに若かんや。然りと雖も、一家の撰、之を託し其の鬱憤を洩らす者、士庶に在つて則ち可なり。今吾史、先君独得の見に発し、天朝君臣の故を記し、口を極めて其の得失小故を論ず。公侯の事体に於いて亦恐らくは不可なり。是れ吾が史の決して論賛有るべからざるなりと。○元史の凡例に拠りて云へば、歴代史書の紀志表伝の末に各論纂の辞有り。今、元史を修むるに論賛を作らず。但し、事に拠り直書し、文を具して意を見はす。其れ善悪をして自ら見せしめれば、春秋に準じ、及び聖旨事意を欽奉せりと。

史論を展開した箇所ですが、「其の善悪得失の如き、観る者の意如何に在るのみ」は雲龍も返書に引いたところです。孔子を称える一方で、司馬遷の考察の不備を衝きつつも理解を示しています。そうして義公を振り返り、論賛の在るべきでないことを再度述べ、『元史』に論賛のないことを指摘しています。「公是公非」は公論によって是非を判断するの意です。

なお、○印の箇所は『水藩修史事略』に引用される文章と比較しまして、比較的大きな脱漏がみられることを示したものです。次の段にも数カ所みられます。

伏して惟んみるに、上公賛を刪るの議、其の英見卓識は明祖の旨と千載一徹、符節合ふが若し。何ぞ其れ盛んなるかな。広備、固陋の学、歯列するに足らずと雖も、其の断ずるに春秋の例を以てするもの、亦宋濂の見と合へり。○備、嘗て弘文院祭酒林先生の下交を辱うし、一日門下に到りて謁を執る。語次訂史の事に及び、乃ち質すに論賛の説を以てす。先生、極めて公の卓見に服す。○先生、又題号の説及んで云く、竊かに其の書を閲するに、出典を注し、同異を考ふ。其の体宜しく稿と称すべき者の若しと。亦吾輩の持論と合ふ。○曩に子定の書を諸君に贈り此の事を論ず。杉山子方、独り其の説に左袒し、他の議多く合はず。未だ旨を取るに及ばずして寝《や》みぬ。

頃、其の説を以て公に進つる。亦、之を可とす。

「明祖」は朱元璋のことです。明祖の命によって『元史』が編纂されたわけですが、それに携わった一人が宋濂でした。「弘文院祭酒林先生」は林大学頭です。当時水戸藩ではしきりに接触していた人物ですが、その意見は広備と同じだというのです。また、幽谷の主張には独り杉山子方が賛成しましたけれども採用には至らなかったのですが、ついに文公の許可が得られたわけです。

夫れ、先公の薨ずるより、今に至る百有余歳、而して其の書未だ全く成らず。稽緩淹留、亦何をか言ふべけん。然りと雖も、今公の英断を以て、滞議氷釈、二三子も亦激励奮発、旁々林公の慫慂有り。則ち先公在天の霊、蓋し今日を待つこと有るなり。孰れか敢へて力を竭《つく》し、精を研《と》ぎ、其の業を卒ふることと思はざらんや。夫れ、賛を刪るの議は、公の英見に決し、何ぞ必ずしも多くを議せん。然りと雖も、先公の警に言へる有り。曰く、文を論じ、事を考ふるは各当に力を竭すべし。若し他に駁する所有らば則ち虚心之を議し、独見を執る勿れと。況んや諸君、才学を以て此の役に従事する者数年、其の蘊する所の者は、必ず当に人意の外に出づる者有るべし。豈に一たび其の論弁を経せざるを得んや。是れ、廼ち公の先志に体する所以なり。故に敢へて自ら揣《はか》らず。妄りに其の顚末を叙し、之を諸君に示す。且つ子定は題号の書を重ねて諸君に贈示す。諸君、謹んで先公の明警を体し、公正論弁、是非明白、其の心腹腎腸を布き、隠す所有る無ければ、則ち公も亦将に覧じて決せんとす。請ふ、回報を賜らんことを。

ここでも、文公が先君義公の意を体して論賛を削除した英断を述べています。それは広備が論賛削除の顚末を史館の諸学士に説いて、その意義を強調したということでしょう。「先公の警」といいますのは『年山紀聞』にみえる「史館警」のことでありましょう。この書簡とともに幽谷の書をも添えていますことは、広備における幽谷の役割の大きさを示すものかとも思われます。

そこで、次に幽谷の主張を確認しておく必要があろうと思います。

四　国史の事を論ず（続）

幽谷の主張は「校正局諸学士に与ふるの書」によって表明されました。広備がたびたび言及したものです。実は雲龍は『文苑遺談』（続集）の「藤田一正」の項に、書き出しの箇所を除いてその全文を引いていますので、雲龍にとっていかにこの書が重要だったかが知られます。広備の文章と同様にかなりの長文なのですが、その主張を要約しますと『大日本史』の題号論で、その不可なる理由を四点にまとめたものです。時に寛政九年、幽谷は二十四歳で『修史始末』を脱稿する二ヶ月ほど前のことです（『藤田幽谷のものがたりⅡ』をご参照ください）。

まず、冒頭の序に相当する箇所では、次のように述べています。

義公が修史に際しては書名を命ずることはなく、後人が「大日本史」の号を冒したのです。それについて自分は疑問に思い、水戸の諸学士に諮りましたが、可否半ばするところでした。当時、脱稿した時には書名がなくてはならないとして、この名が用いられました。自分のごときが軽々しく主張するところではないのですが、高橋子大に問うと子大もまた同じ考えで「史稿」と呼んではどうであろうかと言ってきましたので、私も賛成しました。下野の蒲生君平という人が自分の家を訪問した際、話が国史に及び、今は「史稿」と呼ぶべきで「大日本史」というのは当を得ないとのことでした。私は、義公の時に書名がなかったことを答えました。したがって、疑問は私だけのものではなく、子大と君平と暗合します。まだ上梓の命はありませんので、皆さんに強く申し上げます。

そうして、不可なる理由として以下の四点を指摘するのです。

第一の不可、わが国（天朝）が号を建てていうのは「日本」であり、「大日本」ではありません。帝号のいくつかには「大倭」や「大日本」とみえますが、神代紀に「日本、これを耶麻騰《やまと》と云う。下これに倣え」とあります。外国が「大日本」と称するのは尊崇のためですし、また仏教徒にも使用例がみられますが、わが国の法令や実録ではあくまでも「日本」です。

第二の不可、「大日本史」という名はすでに人間《じんかん》に広まっているから、これに従うべきであるという人がおります。また、大を加えるのは臣子の崇敬の表れとはいえますが、これは穏当ではありません。ある儒者は大の字を加えるのは謂われのないこととし、また、いまさら大の字を去るのは天下の恥とする意見もあります。「日本」と称するのはもとより無上に尊いことですから大の字を加えるまでもありません。勅を奉じて史書には「日本」を冠したものがありますが、私書に冠するのは宜しくありません。ましてや呉の太伯を始祖とすることなどは問題ではなく、義公が憤り痛斥されたのも当然のことであります。

第三の不可、漢土歴代の史書は、班固以来代号を書名に用いていますが、これは易姓革命のために国号を冠して区別しなければならなかったからです。わが国は開闢以来一姓相承けて、天照大神のご子孫が無窮に伝えてきた国でありますから、必ずしも「日本」という必要はありません。ですから「旧事紀」「古事記」のように国号を用いておりません。ただ、舎人親王が国史を編修して国号を冠してより後、これに倣ったのは深く考えない過ちではないでしょうか。恐らくは異邦人に対して称したもので、拘泥しすぎではないでしょうか。

第四の不可、修史は義公の特見に出るものですから、広く史料を集めて正確に、しかも後世の良い史家の筆削に待つべきです。酒泉・佐治の二総裁はこの国史が草稿であると言っていますし、また義公は命名してはおりません。義公は紀伝志表の完成を待って後、朝廷に献上して名を請おうとしていましたが、果たさずに亡くなりました。正徳年間に完成しましたが、今は題号を賜ることが困難であるとして遂に決定されたものです。この名が義公の思いにそぐわないものではないという意見を、私は信用することができません。南朝正統に関しては今の朝廷のために遠慮するというわけです。それなのに、朝廷に奏請もしないで私に、公然と「大日本史」というのです。これでは孔子が言うように、名をつけて言うべきことが言えないのであれば、何をもって名付けることができるというのでありましょうか。

末尾に「史稿」というべきことを提唱しつつ、万一朝廷から名を賜ることがあれば「日本史」の名に何の不都合もありませんとして、子大の「史稿」説を採用されることを念願しています（詳細は『藤田幽谷のものがたり』をご参照ください）。

このように幽谷の主張をみてきますと、理路整然としたものであり、義公の深奥に迫ったものとして、しかも史的根拠を明確に提示していると思われます。広備の文章が史的根拠に基づくものというよりは政治的あるいは政策的な内容であるのに対して、幽谷の文章は歴史家としての役割を十分に発揮したものといってよいと思います。

なお、この文章では天朝が五箇所、本朝が一箇所の使用例がみえますが、本朝は引用文中ですから、実質は天朝の五箇所です。ちなみに広備の文章では天朝が四箇所、国朝が一箇所みえています。

五　国史の事を論ず（続々）

幽谷と広備は題号の廃止と論賛の削除で、いわば共同戦線を張って対処しようとしたわけですが、これに対する異見はどのようなものだったのでしょうか。その代表的見解は青山雲龍のものでした。『文苑遺談』続集の「自序」には次のようにみえています。

享和の末、余、再び史館に入る。時に高橋広備書を館中の諸子に貽《おく》り、国史の事を論ず。（其の書上に見ゆ）余に復書有り。今此に載す。

そうして、いよいよ雲龍は「高橋子大に答ふるの書」と題した復書を掲げるのです。

頃者、足下書を館中の諸子に貽り、備さに国史の事を論ず。娓娓《びび》として数千百言、乃ち遺辞の典雅にして、布置の縝密《しんみつ》を論ずるなし。即ち其の持論は精覈、古人と雖も以て尚ぶことなし。于や不敏にして、尺寸の長有るに非ず。叨《みだり》に特恩を蒙り、再び史林に籍す。夫れ、何の素望か敢へて以て此に及ばん。伏して来書を読むに、大意は論賛を删り、題号を更ふるの両事に過ぎず。論賛を删るに至つては、一に上公の英断に出づ。而して足下折衷するに春秋の義を以て、詳備曲暢、復た余蘊無し。夫れ、史に論賛有る、班馬以後、歴代因循す。

広備の主張を論賛の削除と題号の変更の二点とし、上公の英断によることを述べ、「春秋の義」によっての見解に一応の敬意を表しています。「娓娓」は穏やかで懇ろの意、「于」は雲龍の諱である延于の一文字です。

然れども史の得失美悪は、固より観る者に在るのみ。元史に論賛無きは、尤も体を得たりと為す。今、上公英特の資を以て、加ふるに博古の学を以てし、史氏の蔽惑を去り、俗儒の拘攣《こうれん》を破り、決然として之を決し、毅然として之を行ふ。其の特見卓識は千古に度越し、小子輩の敢へて容喙する所に非ざるなり。敢へて敬服せざらんや。題号を更ふるに至りては頗る議すべき者有り。夫れ、先君義公、歴朝の記載に拠り、以て一代の大典を成す。其の筆削体裁は固より一家の言を備ふ。然れども、其の書為るは本より私撰に出づ。則ち公侯の撰を曰ふと雖も、均しく是れ私史なり。均しく是れ私史にして断然国史の号を冒す。尤も当たる所に非ざるなり。今、乃ち其の旧号を去り、称して史稿と曰ふは稍《やや》穏当に似たり。

「史の得失美悪は、固より観る者に在るのみ」は広備の言うところと同じです。また『元史』に論賛が無いということをはじめ、私史といい、史稿といい、みな広備の主張と同じで、その主張を穏当としています。

然りと雖も、僕を以て之を観るに、未だ置きて論ぜざるの愈《まさ》れりと為すごときにしかざるなり。何ぞ則ち先公意を修史に剏《はじ》め、題号の議、斯より先なるは莫し。而れども、先公未だ嘗て之に言及せず。私に竊に之を思ふに、蓋し深意有らん。夫れ、公の拾葉集を撰ぶは一時の遊戯に出づ。

然れども諸を天朝に献じ、諸を乙覧に備ふ。其の題号を賜るを竣つて、而して後、之を天下に公にす。而るに況んや、万世不刊の大典、先公、平生の志業眼目は是に於いてか在らん。它《た》の修撰論著は遊戯に出づる者の若きの比に非ざるなり。則ち此の書の成る、安んぞ其の諸を朝廷に献じ、諸を乙覧に備へ、天子の寵命を請ひ、以て諸を巻首に標し、拾葉集の如くならざるを知らんや。而るに今私に之を議す。是れ、終に私史を以て之を期するなり。此れ、豈に先公の意ならんや。且つ今、訂正して未だ竣らず。志表未だ成らず。諸を梨棗《りそう》に鍥《けつ》し、諸を海内に公にするに非ざれば、則ち命じて国史を以てするも可なり。志表既に成り、訂正功を竣るに至りて、上表して以て之を朝廷に献じ、天子の寵命を請ひ、以て其の題号を定む。然る後、諸を天下に公にすれば、則ち天下の正史、嚮《さき》の所謂私史には非ざるなり。

ここからが雲龍の主張です。義公が題号に及ばなかったのには深意があったと推測して、その根拠として「拾葉集」の例を挙げています。確かに雲龍が述べる通り「拾葉集」は朝廷に献上した後、題号を賜ってから公刊しています。その他の「修撰論著」（すなわち『大日本史』や『礼儀類典』などでしょう）はその比ではないというのです。ここで雲龍は「拾葉集」を「遊戯に出づる者」としていますが、果たして当を得た評価なのでしょうか。「拾葉集」は興廃継絶の精神の発露でもあり、優れた和文を蒐集し、後西上皇に献上されたのですが、そこには近世学芸史上の大きな意義をみることができます。それはとても「遊戯に出づる」どころではないはずです。儒学者の雲龍からみれば、その価値が理解できなかったのかもしれません。雲龍の意見を俟《ま》つまでもなく、史書が完成した暁には「拾葉集」のように献上して題号を賜ろうとしたことには疑いがありません。「梨棗に鋟し」は上梓するの意です。

もう一点留意したいと思いますのは天朝の用例がみられることと同様の意味としての朝廷の用例が二カ所あることです。この三カ所の用例は全部が天朝でも朝廷でも意味は通ずるところです。それでは何故に統一されていないのでしょうか。推測されますのは天朝の使用例が義公の実際の行為に直結することです。「拾葉集」は献上されましたので天朝の尊称が用いられ、他の二例はそうではないからだと思われます。一例目と二例目は後につづく文字使いも全く同じですし、三例目は二例目と同じ文字使いとなっていますから（傍線部）、あえて天朝の文字を避けたところには雲龍の広備や幽谷とは異なる思いをみることができるようです。

方今、上公、意を纂脩に鋭うし、大いに采納の路を開く。虚心にして物を待ち、芻蕘《すうじょう》遺さず、萱刪棄つる無し。而して諸子亦皆力を陳べ列に就く。足下、子定と暴起して史事を総領し、職務悉く挙げ、百廃悉く興る。茲に機会に乗ぜば、何の業か成らざらん、何の功か済はざらん。望む所は、足下、先公の志を体し、全部の功を竣ふるを待ちて後之を議せよ。先公の鴻業をして一家の私書と為さしめんか。此の一挙在り。天下の正史と為さんか。亦、此の一挙在り。願はくは足下択んで之を処せよ。

文公が修史に尽力したのはいうまでもないことですけれども、雲龍は広備や幽谷の献策を批判的に捉えて、修史が完了した後に議論せよ、という見解を示しています。そして、それは「一家の私書」とするか「天下の正史」とするかの選択だ、というわけです。

来書に言ふ。足下、已に其の説を以て諸を林祭酒に質す。祭酒、亦足下に左袒すと。夫れ、祭酒の人物の権衡、海内の矜式《きょうしょく》する所にして、宜しく足下の言にして折衷すべし。于や膚浅末学、乃ち敢て其の間に容喙せんや。足下、必ず僕を以て忌憚無き者と為さん。亦惟、人心は面の如く、見る所は各々異なる。且つ阿諛曲従して、退いて後言有るは、僕の恥づる所なり。昔、劉道原、温公と正統を論じ、終に同ずる能はず。亦、以て君子の党を同じくせざるを見るに足らん。願はくは、足下、于の不敏を恕し、其の狂愚を罪すること勿くんば幸甚なり。

最後に広備が林大学頭に意見を求めたことにふれていますが、大学頭は秤であり世界の手本であるから、それを採り入れよとして、浅学の自分が口を容れるところではないとしています。あなたは忌憚のない意見を望んでいると思うのでそうするとし、おのおの意見は異なるので阿諛追従はしない、かつて劉道原と司馬温公が正統を論じた時にも意見は合わなかったのだから、として文を結んでいます(劉道原と温公の議論不和については『保建大記』に付されている安積澹泊の跋にもみえています)。矜式は手本の意です。

広備と幽谷、そして雲龍の主張をみてきますと、要するに雲龍は史書の完成の後に判断を先送りしていることになります。雲龍の意見は幽谷に対するものではありませんから、やむを得ないとはいえますけれども直接的な史的反論を展開したわけではありません。また、広備の主張に対しても直接に反論を加えたわけではありません。むしろ認めるところがみられます。率直に広備と雲龍の文章を比較してみますと、広備の文章の方により多くの修史経過の叙述がみられ、その才が滲み出ているように思われます。

　それにしましても、この題号と論賛に関する論議は後年の『皇朝史略』をめぐる見解の対立を暗示しているように思えてなりません。

六　『文苑遺談』

「国史の事を論ず」として引用してきました広備・幽谷・雲龍の文章はすべて『文苑遺談』（続集）に収められています。収められているというよりは伝記を構成するための重要史料として引用されていると言うべきかもしれません。『文苑遺談』は文政三年に成ったものですが、時に雲龍は四十五歳です（自序には「余、齒四十を過ぐ」とみえます）。後年子息達（延光・延昌・延之・延寿）の校訂により刊行されています。活字本は『日本儒林叢書』第三巻に収録されています。巻の一には人見壹・朱之瑜など十三名、巻の二には安積覚・安藤為実など十三名、巻の三には酒泉弘・大井貞広など十八名、巻の二と三には他に安藤為章など付随の人物も含まれています。続集には立原万・藤田一正、そして雲龍自らなど十名の伝記を収めています。各伝記の長短は著しいのですが、これは雲龍の関心と資料（その多くを父延彝から得たようです）などの関係で止むを得ないところかもしれません。ちなみに祖父興道と父延彝の伝記は巻の三に収められています。

それでは、次に国史の事を論じた広備・幽谷・雲龍の文章をみてみましょう。広備と幽谷の伝記は記述量が多いものに属しますが（尤も多いのは朱之瑜です）、その伝記のほとんどをこの文章が占めています。したがって、この文章を除きますと、伝記としての分量は少なくはないのですが、特段に多いわけでもありません。このような記述量をみますと、この文章の役割が極めて大きいことが知られます。

そもそも『文苑遺談』が史館に関わった人物の伝記を集めたものですから、その観点からみれば当然のことと言えるかも知れません。さらに加えて、広備と幽谷の伝記構成が雲龍との関係において重要であることにも留意しなければならないと思います。

次に、それを確認するために雲龍の伝記構成を確認してみましょう。大きくは三段に分けられますが、一段目では四十を過ぎ自ら醒狂と号して作った伝を掲げ、二段目では文公時の入館、立原総裁の志表廃止に対する藤田等の反対とその後の経緯に及び、さらに史館の人材にふれ、三段目では享和の末に再入館した時高橋広備が国史の事を論じたので、その復書を掲載しています。この復書が全体の三分の一を占めるのですが、末尾に自らの不才を父祖に恥じる旨を述べています。

このような状況からは、国史の事を論じた広備・幽谷・雲龍三者の文章は雲龍にとって重要な内容を持つということが言えますし、またそれは国史を論ずる事を抜きにして伝記を構成することができなかったことを示すものかとも思われます。

ところで、先に留意しました天朝・皇朝・国朝の文字使いをみてみますと、父延彝の項に国朝の学という用例が二箇所みられます。もとより国朝の学は延彝について用いられたのですが、青山家の学問が国朝という文字によって表されることを示すものでしょう。

ちなみに小宮山昌秀の項には天朝の文字がみえますが、これは昌秀の文章の引用中のものです。昌秀の場合も、広備や幽谷の場合も天朝や皇朝の用例は「わが国」と置き換えることができますが、同様に雲龍が多用する国朝の場合もすべて同様です。ところが雲龍の広備への反論中の天朝は「わが国」の意味ではなく「朝廷」の意味ですから、雲龍の場合は「わが国」を国朝と表現したのです。「藤子定の江戸に之くを送るの序」でも同様ですから、この点一貫していることになります。広備にも国朝が一例みられますが、その他は天朝ですから、やはり雲龍とは異なるように思われます。いうまでもありませんが、幽谷は天朝または皇朝で一貫していますから、雲龍とは明らかな相異を認めなければなりませんし、また幽谷には国朝が皇朝よりおとしめた言い方としての認識があったことについては後にふれたいと思います。

いったい、この相異とはどのようなことなのでしょうか。次に、この問題を考えてみることとしましょう。

七 『皇朝史略』の序

幽谷が雲龍との学問の相異を自ら認めていたことは「皇朝史略の序」という最晩年の一文によって明らかです。この文章は『幽谷全集』や『文辞編年』に収められておりますが、雲龍の『皇朝史略』に寄せた序文です。『皇朝史略』については後に考察することとしまして、まずは幽谷の序文を検討したいと思います。末尾に「文政九年歳在丙戌七月既望」とみえておりますから、この年の十二月に亡くなります幽谷にとってはまさに最晩年、絶筆ともいえるかと思われます。「既望」は十六日です。便宜、四段に区切って掲げ、検討してみましょう。

皇朝の史有るは、蓋し旧事紀より尚きはなし。而れども其の書は既に佚す。今世に伝ふる所は復た上宮の旧本には非ず。古事記は樸学と雖も、古を稽ふる者は此を捨てて奚ぞ徴さん。書記の作は稍二書に後る。旧聞を網羅し、異伝を整斉す。而して書法は謹厳、務めて国体を存す。年を編み、事を紀すは、寔に歴朝実録の祖為り。監修の任は、親王を以て之と為す。而して其の書名に命じて日本の大号を以てす。之の重き所以なり。独り其れ、淡海・清原の際に於いて、当世に切近すれば則ち微辞婉詞は君父の為に諱み、久遠の世に至れば則ち其の事を直書し、隠す所有る無し。其の勢いは然り。是よりの後、修史の挙は朝廷の盛事と為る。大臣・納言は勅を奉じて撰進し、而して載筆の士は亦妙に一時の才を尽くす。世道は陵遅し、官は其の職を失ふに迨《およ》ぶ。外記は録する所なり。断爛《かん》朝報に過ぎずして、家乗・野史は紛然として雑出し、伝聞は辞と異なり、毀誉は真を失ふ。固より以て往くを彰かにして来るを考へ、勧懲に備ふるに足らざるなり。謬妄の甚だしきは、蕃国の君を称し、帝と為す者之有り。天皇の謀反を書する者之有り。上下の分、内外の弁、猶且つ知らず。安ぞ其の能く国体を存するを望まんや。

「旧事紀」については、義公がかつて大成殿に奉納した際の跋文で考察・注目されておりますが、そのことは安積澹泊が後輩に伝えたところです（『常総の歴史』第四十三号収録の拙論「義公精神の伝達者としての安積澹泊」をご参照ください）。恐らくは、そのことをふまえているかとも思われます。「古事記」や「日本書紀」を評価し、いわゆる六国史の編纂に及び、やがて世の衰えとともに上下の分、内外の弁が失われ、国体が忘れられたことを述べています。「樸学」は飾り気がなく地味な学問のこと、「淡海・清原」は藤原不比等と清原夏野でしょう。「断爛朝報」は「宋の王安石が春秋を詆《そし》つた語。きれぎれになつた記録の意」で「王

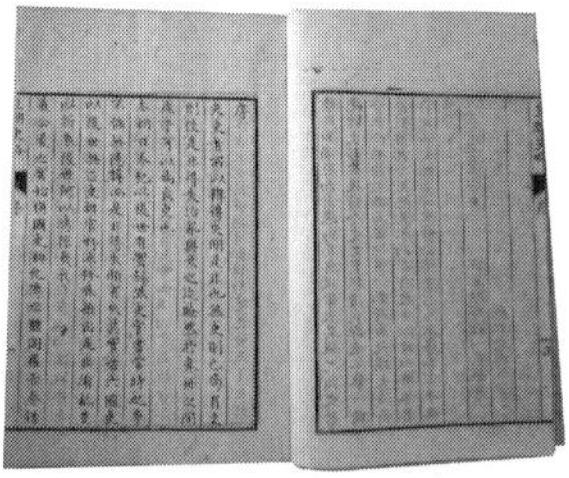

皇朝史略序

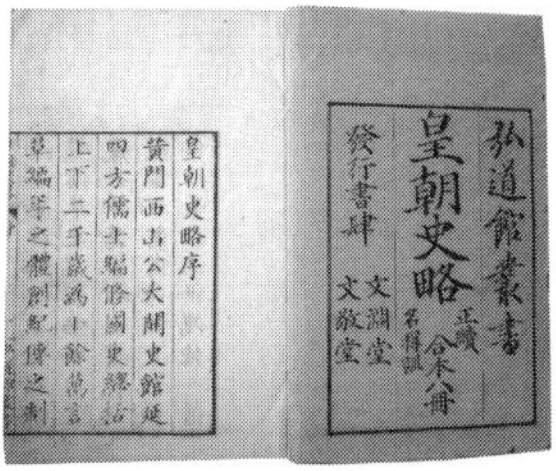

弘道館版序

安石は初め自ら春秋を釈して天下に行はうとしたが、孫莘老の春秋経解已に出で、自ら其の右に出ることが出来ないのを知り、遂に聖経を詆つて之を廃し、此れ断爛朝報なりと言つた故事」に拠るものです（『大漢和辞典』巻五、孫莘老は宋の人で名は覚、『宋史』にその伝がみえ、『春秋』の三伝のうち穀梁伝を重んじたといいます）。「原子簡を送るの序」にもみえる用例です。「天皇の謀反を書する者」は『太平記』巻二によるものでしょう。

中院源一位は南北騒擾の際に在りて、崎嶇間関、吾が常陸に寓す。忠貞の節は百折して撓まず。身は外に在りと雖も乃《そ》の心は王室にあり。廼ち正統記及び職原鈔の作有り。其れ国体を存し、廃典を修する所以の者は、千古寥寥、絶無にして僅かに有り。慶・元以来、文運勃興して、天、我が義公を常陸に生む。英見卓識にして、学は古今に通ず。西山・梅里、累代同調して、憤を発し書を著はす。集めて大成して、始めて龍門の体を具ふ。而して能く天朝の廃典を修め、経世の志は以て名分を明らかにす。神州の正気、是に於いてか存す。天柱頼みて以て尊び、地維頼みて以て立つ。能く乱臣賊子をして懼れしむる者は武雷師霊の剣と雖も、是過ぎざるなり。

やがて中院源一位、すなわち北畠親房公が常陸に寓し、「正統記」と「職原鈔」を著して国体の在ることを示されたと述べます。「身は外に在りと雖も乃の心は王室にあり」は、『書経』の顧命（王の臨終にあたっての遺命）に拠るところで心が王室に在ることです。この「乃心王室」という語は若干の省略もあり読みが難しいのですが、「乃心す」または「乃《おさ》む」との訓読もあります。なお、この語は武公に代わって書きました「大日本史を進つるの表」や、後にふれますが『貴重書解題』に収める幽谷書簡一七〇にもみえていますので、幽谷が重視した語句といえると思います。
慶長・元和以来文運が勃興して義公の出現となり、公は「龍門の体」すなわち「史記」に倣って史書を成し、名分を明らかにされた。龍門は司馬遷の生誕地です。それによって神州の正気が存在し、天地が立ち、乱臣賊子を懼れせしめたとされます。「天柱頼みて以て尊び、地維頼みて以て立つ」は若干の異同がありますが、文天祥の「正気の歌」にみえています。「天柱」と「地維」は天をささえる柱と綱のことですが、転じて道義と大地を意味します。「武雷師霊」はタケミカヅチとフツノミタマで鹿島神宮の御祭神と御神宝のことです。傍線部は義公修史を意義づけた箇所ですが、この段落には神道的素養をうかがうことができるように思われますし、雲龍の自序と比べますと明らかに歴史観の相異がみられます。

吾が友子世、嚮《さき》に史局に在りて、冗《あま》りて治を見ず。局務の閑暇、本館の修むる所の史に就いて稍《やや》節略を加へ、書十二巻を著す。人或いは其の国史を剽窃し、以て己の功と為すを譏る。子世曰く、吾、敢て不刊の典を改竄するに非ず。本史は浩瀚にして、読者は之に苦しむ。吾、史略を作り、以て初学に便するのみと。昔、唐人鄭虔《ていけん》、当世の事を蒐録す。人或いは其の私に国史を修するを告げて、倉皇之を焚く。後に更に綴輯して、書若干巻を得る。杜甫之を称して曰く、貫穿《かんせん》遺恨無し。会萃、何ぞ技癢《ぎよう》なると。今や《や》子世の論著する所は皆久遠の世にして、当世の事に非ず。固より夫れ広文先生と異ならんか。何ぞ必ずしも之を焚かんや。何ぞ必ずしも之を焚かんや。仮使《もし》詩史在りて、亦必ず技癢を以て之を称して、其の貫穿遺恨無ければ、則ち読者之を諒とす。

「子世」は雲龍の字《あざな》です。「子世曰く」以下は「凡例十則」にもみえていますが、『皇朝史略』の執筆理由を述べた箇所となります。「鄭虔」は唐代玄宗時代の学者で「広文先生」も同じです。「倉皇」はあわてること、「貫穿」は広く学問に通じてよく知っている、「技癢」は自らのすぐれた腕前を存分に発揮しようと思う気持ちの意です。杜甫の詩は鄭虔を哀れんだものですが、鄭虔の書物のように当世の事を書いた物ではないから焚書する必要はないというのです。「何ぞ必ずしも之を焚かんや」の重複は原文のままです。

子世、嘗て序を余に問ふ。余や老たり。何ぞ斯の書の重きを為すに足らん。子世、余に少きこと二歳、頭髪既に禿するも眼光は爛爛として電の如し。猶能く蠅頭《ようとう》字を書し、書を読み文を為す。筆を下せば数千言立《たちどころ》に就《な》し、其の精敏の力は尤も絶人に過ぐ。庸劣衰憊、余の如き者は、敢て企て及ぶ所に非ざるなり。子世、余と、生れて郷を同じくし、幼にして学を同じくし、長じて寮を同じくす。雅して故旧の誼有り。而して其の平生持論とする所は多く余と異なる。然れども人心は面の如し。君子の和して同せざるを貴ぶ所以なり。蓋し、三長の難は古より嘆く所なり。子世の史に於ける才学の美は、当世比するに少なし。固より余の諛言に非ずして、其の所謂識者は談何ぞ容易ならん。亦、唯人心は面の如し。其の見る所如何を顧みるのみ。而して況んや斯の書紀伝を檃括《いんかつ》して、自ら一家の言を成すにおいてをや。辞は雅馴に務め、論は奇偉を要す。横鶩別駆、以てその長ずる所を見る。亦其れ技癢の致す所なり。然ども竟に本史の範囲に出る能はず。本史の大義は昭として日星の如し。此、略を以て名と為す。今茲《ことし》、余、江戸に来り、適々梓人史略を刻し既に成るに会す。成事は説かず。聊か此の書の為に、謗を分ち嘲りを解すといふ。

文政九年歳在丙戌七月既望　常陸藤田一正書于江都礫川邸舎

序文は雲龍から求めたのですが、ここでは雲龍の優れた才能に及びつつ、同郷、同学、同僚であることにもふれています。しかしながら、平生の学問が決して同一ではないことを明確に述べつつも、その才学を高く評価しています。それほどの才のある者の著述でも『大日本史』の範囲を出ることはないとし、『大日本史』の意義は太陽や星のごとく輝いていると述べて擱筆するわけです。「大義は昭として日星の如し」は程子をふまえたものかと思われます。ちなみに「原子簡を送るの序」にも「其の大義、炳として日月の如し」とみえています。

文中の「蠅頭字」は細かい字、「檃括」は間違いを正す、「人心は面の如し」は『左伝』にみえ、顔が異なるように人の心は一様ではないことの意ですが、雲龍も用いています。「三長」は歴史家が備えるべき三つの長所のことで才・学・識を指しますが、「大日本史を進つるの表」や朝川鼎の序文にもみえています。なお、朝川の序文には皇朝の用例がみられます。

総じて、雲龍の才を評価しつつも、その学問には必ずしも賛同しないことを断じており、やはり雲龍との相異が皇朝・天朝・国体の用例とともに「上下の分、内外の弁」や「名分を明らかにす」という表現に表れているように思われます。また、七月十九日付の書簡（一四三）には「史略拙序、昨夜、病後始て得間候に付、構思いたし、少々書立見候へ共、不出来故、筆を輟申候。又々別に工夫可仕候」とみえていますので、文政八年七月十八日夜に序文の執筆に取りかかったことが知られます。

八　『皇朝史略』の序（続）

『皇朝史略』にはいうまでもなく雲龍自らの序もあります。この序には雲龍の歴史観が表明されていますので、次にみておきたいと思います。木版本によって掲げます。

夫れ、史は得失を弁ずる所以にして是非を明らかにするなり。史無ければ則ち已む。苟も史有れば、則ち是非得失をして治乱興衰の迹を巻冊の間に瞭然たらしめむ。庶《こいねがわ》くは良史為るを以てすべきなり。

本朝、日本紀以後、世に実録有り。然れども史は官書にして当時の事隠諱無き能はず。而して是れ、得失に非れば頗る失ふ有り。其の実は六国史以後世に正史無く、稗官野乗紛然として雑出す。是非淆乱して折衷を以てする莫し。後世何ぞ以て考信すべけんや。我が
義公之を憂ひ、実に始めて国史并に紀伝の体を修め、古今の錯綜諸説を網羅し、以て一家の言を成す。闡幽微顕、是非得失の迹をして燦然として観せしむべし。真に不刊の典と謂ふべし。延于、不敏にして之を承けて罪を待ち、史館に国史を校訂し、与に諸志目を修め偏を得る。

本朝の載積を窺ひ、是に於いて旧史を概括し、旁稗官野乗を攷《かんが》ふ。約して史略と為し、以て童

蒙に授く。記載統無しと雖も一漏を挂して万然と治乱得失の迹を攷ふ。亦、其の大略を観るべし。
延于、嘗て古今を商搉して以謂《おもえ》らく、天下の大勢は蓋し三変す。上古封建の時、世質人朴、天下法を奉じ、政は
王室に出づ。大化に至り、始めて国司を置き、郡領封建は悉く廃し、天下の勢は一変す。大宝以後、制度は大いに修まり、典章観るべし。然れども外戚寖盛、政は摂関に帰す。天下の勢は又一変す。保平以降
王室、武臣専政を馭するを失ふ。諸国に守護・地頭を置て与に之を奪ひ、権悉く関東に帰す。天下の勢い是に至り、又大変す。此れ迺ち史を読むの関鍵にして、斯の書の要領なり。若し夫れ総目兼ねて本末を挙げ、畢《みな》備ふれば則ち全史有る在らん。豈に斯の書の能く尽くす所ならんや。然りと雖も管窺を以て豹し、未だ其の全体を見ざると雖も、亦以て其の一班を知るに足らん。以て指して鼎を探り、未だ其の全味を嘗めずと雖も、亦以て其の一変を得るに足らん。則ち史略の書亦少なかるべけんや。

文政壬午秋八月　青山延于謹序

改行（平出）は版本のままです。本朝に留意してみますと、これまでにみてきました雲龍の文章と通ずるものがあります。基本的に本朝は国朝と同じですが、奇異に思われますのは『皇朝史略』との書名のもとでの使用であることです。それは当然のこととして皇朝と記してよいはずだからです。恐らくは敢えて皇朝の文字を避けたのではないでしょうか。先の「高橋子大に答ふるの書」に

皇朝史略

通ずるところがみられますが、そこに雲龍の歴史観をうかがうことができると思います。

まず、史書は「得失」を考えてその「是非」を論ずることであるから、治乱興亡の跡を書物の中で明らかにしなければならないし、そして、そうだからこそ良い史書たることが望まれると述べ、我が国の史書についてふれ、義公の修史に及んでいます。文章は極めて簡潔ですが、この「得失」についてはこれまでに取り上げてきました文章、すなわち「藤子定の江戸に之くを送るの序」や「高橋子大に答ふるの書」にもみえていますから、雲龍にとって「得失」を論ずることが歴史を考える際の大きな要素となっていることが確認できます。

また、この文章ではもう一つ重要な内容が盛られています。それは時代区分です。まず、雲龍は「天下の大勢は蓋し三変す」としています。最初の変は「大化に至り、始めて国司を置き、郡領封建は悉く廃し」たこと、第二の変は「大宝以後、制度は大いに修め、典章観るべし。然れども外戚寝盛、政は摂関に帰す」こと、第三の変は「保平以降王室武臣の専政を馭するを失ふ。諸国に守護・地頭を置て与に之を奪ひ、権悉く関東に帰す」ことによったというのです。したがって、四区分ということになります（この区分については小松徳年氏が『水戸藩の文化と庶民の生活』に収録された「青山延于の歴史思想についての一考察」という論文で注目されています。なお、この論文集には雲龍の研究として四論文が収められていますが、みな優れた研究です）。

この時代区分に関して思い起こすのは、すでに史館で論議されていた時代区分のことです。それは宝永六年七月十五日付と推察されます大井松隣と安積澹泊の連名で中村・酒泉宛て書簡にみえるものです（この書簡をめぐる事情については拙著『現代水戸学論批判』第四章をご参照ください）。

此方にても去冬より詮議を加え、上古一宇宙、官服斉整一宇宙、藤氏専権一宇宙、頼朝開府已来摩訶大変一宇宙、此に候へば部分も差別これあるべく候

ここにみえる議論とほとんど一致しますので、雲龍は史館の先輩諸氏の論議をふまえたものかと思われます。雲龍はこの時代区分をもって歴史の理解を深めようとしたわけですが、『皇朝史略』はそのための自信作だったのであろうと思われます。けれども、この著書は成立と刊行に関しては大きな問題を孕んでいたのですが、これについては改めて考察することにしたいと思います。

九　『皇朝史略』の成立

『皇朝史略』は雲龍の主著ともいうべき書物です。すでにふれましたが雲龍の自序には「文政壬午秋八月」とみえています。壬午は五年ですが、時に雲龍は四十七歳でした。子息であります延光の跋は文政丙戌秋九月付ですが、これは九年に当たります。この跋にはこの書が文政五年三月に起稿され明年三月に竣《おわ》ったと記されています。なお、続編は天保二年に成立していますけれども、幽谷歿後になりますのでここでは続編は考慮外としておきます。

この『皇朝史略』は書名と刊行の件でいろいろと問題を引き起こしました。その一端は幽谷の序文に「人或いは其の国史を剽窃し、以て己の功と為すを譏る」とみえていたことからもうかがえますが、以下少しくその辺の事情を考えてみることにしたいと思います。まずは、小松徳年氏が前掲書に紹介されている幽谷宛の雲龍書簡の一節から掲げてみましょう。六月二十九日付で文政八年と推定されるものです。

吉田竊《ひそか》に貴兄へ諛言《ゆげん》を献じ候共、定て貴兄へ訴へ候て御留め成さるべく存じ候て貴意を得候所、上木の義最初より御相談も申し置き候事故、御抑へにも思し召し成され難く候と相見へ、只国号

改め候様仰せ下され候、是は去る未十月十四日の御紙面に御座候

「吉田」は幽谷の門人で女婿の平太郎(号は活堂)のことでしょう。この文面からみますと、吉田が刊行に反対して幽谷に意見してきたのでしょうが、刊行については最初から雲龍が幽谷に相談していたために抑えにくかったので「国号改め」のことのみを言ってきたのであろう、というのです。「去る未」は六年のことですから、延光の跋にみえる通り六年三月に脱稿したとしますと、まもなくのうちに刊行の計画があったものと思われます。「国号改め」については後考に回しまして、もう少し刊行反対の事情を探っておきたいと思います。

幽谷は序文で「国史を剽窃し」たという批判にふれていますが、反対者としては吉田のほかに小宮山楓軒や吉成信貞なども挙げることができます。とりわけ吉成は直接に雲龍に書を呈しています。「青山彰考館編修総裁に与ふるの書」(『文辞編年』に収録されています)ですが、およそ次のようなことが説かれています。

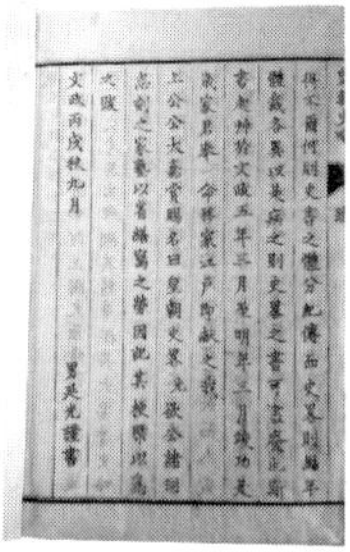

延光の跋

義公の国史編修を考えてみますと、恐らくは神州の道たる所以を明らかにしようとされたのでしょう。ですから、名分を正し大義を明らかにして是々非々なるものを詳らかにされたのです。いまだ国史が脱稿しないうちに、あなたはそれを剽窃抄出して史略を著して、刊行し世に出そうとしますのはその功績を奪うものです。これが水藩士の行うべきことでしょうか。ましてやあなたは編修に関わり、総裁

の職に任じられた身ではありませんか。不義を行って恥じない、その胸の中はどうなっているのですか。その書で利を得るのは商人の行うことです。もし義公の時に総裁がこのようなことをすれば、必ずや逆鱗にふれ、史臣たちは憤りを抑えることができないでしょうし、役人を罰するに違いありません。いまだに国史は脱稿しておりません。いやしくも世に恥が在ることを知っていますならば、悔い改めて速やかにその書と版木を焼却して、義公在天の霊に謝すべきです。そうでなければ、どうして先公と地下でまみえることができるでしょうか。あるいは、あなたは世に広まっているので焼却するのは無益であるというかもしれません。そうであれば、ますます罪は重いといわなければなりません。もし改めないのであれば、決して君子とはいえません。

『文辞編年』ではこの書を文政十二年としていますが、文面からもすでに『皇朝史略』は刊行されていたわけですから、刊行後も批判があったことになります。ただ幽谷自身は必ずしも刊行に反対ではなかったようです。それは雲龍の六月二十九日付に記載された幽谷の朱筆部分には次のようにみえているからです。

小子に於いては前書にも貴意を得候通り、上木御無用とは存ぜず候、何とぞ次第よく出来候様仕度候

また幽谷序文の末尾に「今茲、余江戸に来り、適々梓人史略を刻し既に成るに会す」とみえていますので、文政九年七月には少なくとも刊行直前だったのかもしれませんし、幽谷の序文も含めるとしますと、まだ未製本だったのかもしれません。刊行に当たり哀公(八代藩主斉脩のこと)の許可を得ると

ともに哀公の序文が付されたようです。哀公が記された岡井璵伝の一節からも刊行をめぐる事情がうかがえますので紹介してみたいと思います。序文とともに『文辞編年』にみえているものです。

> 総裁青山延于史略を著す。余、名づけて皇朝史略と曰ふ。延于、之を梓に上せんことを請ふ。一儒臣有り。上疏して曰く、義公国史を撰し、上木未だ訖《おわ》らず。史略をして上木せしむること、乃ち不可なからんかと。余、猶予して決せず。之を璵に問ふに、時に適々芍薬を瓶中に挿せり。璵、之を顧みて曰く、此の花美なりと雖も何ぞ牡丹を害せんと。是に於いて、余が意、乃ち上木を決す。

岡井は文政九年に歿していますから、哀公の下問はこの年までになされたことになります。それは幽谷が江戸に上った時には「刻し既に成」っていたことと合致します。そうしますと、この「一儒臣」が吉成とは限らないともいえます。あるいは青山総裁に焼却を具申しましたのは十二年ですから、これ以前に反対を表明していたということでしょうか。いずれにしましても、文政九年には刊行へと進み、哀公と幽谷の序文が付されたのです（他に亀田興と朝川鼎の序文があります）。遺憾ながら当初の刊本は未見なのですが、管見に及んでいる刊本はすべて亀田興と朝川鼎及び雲龍の序文のみが付されたものです。

この辺の事情について、井坂清信氏は労作『江戸時代後期の水戸藩儒――その活動の点描――』（平成二十五年）で「文政九年に刊行された正編には、藩主斉脩と僚友幽谷の序文が付されていた。しかし、斉脩の序文初版の非売品にのみという条件付きで掲載を許可されたものであり、幽谷の序文も以後の版からは姿を消し、亀田鵬斎と朝川善庵の序文のみが付されている」と言及されています。なお、延光の跋も付されたものとそうでないものとがあります。

ところで刊行後のことになりますが、小宮山楓軒と交遊がありました二本松藩士の島友鷗の書簡に次のような一節があります。いうまでもなく小宮山宛で、文政十年三月二日付です。書簡は井坂氏の前掲書所引のものです。

都邸懇意のものより当春皇朝史略と申書出版の所、新刻故高価、旁調不申候得共貴府の士人の著の由申越候。日本史御撰著も有之候義、私として皇朝史略開版も可憚事に被存、旁疑敷存候間、御聞合申候ての上に可仕と購求も不仕候。是又御次てに御教示被下度頼候。

文意は明瞭ですから解説を省きたいと思いますが、要するに『大日本史』の撰述との関係を心配して購入の是非について問い合わせてきたわけです。留意すべきなのは「私として皇朝史略開版も可憚事に被存」と述べていることです。他藩の人でも『大日本史』の撰述中に私人としての出版に疑念を抱いているのですから、水戸藩の中に刊行反対の意見があったとしても当然のことです。

それでは小宮山はどのような回答をしたのでしょうか。同年五月三日付の小宮山宛には「皇朝史略の義忝奉存候。老拙察の通に御坐候」とみえていますので、おそらく小宮山は購入に賛成しなかったものと思われます。その一端は島の危惧からもうかがえますけれども、小宮山自身が『大日本史』以前の刊行に反対を表明していたからです（小松氏前掲書）。

そうしますと、先の「一儒臣」には小宮山をも含めてよいことになります。

ところで、刊行反対に関する吉成の意見にはもっともなところがあります。『皇朝史略』は『大日本史』本紀（一部は列伝からも）からの抜き書き的要約でありますから、それ自体は問題はないかもしれません。しかし、雲龍の論評（論賛といってもよいものです）が「外史氏曰く」としてところどころに付されています。この論評はあくまでも雲龍の私的見解ですから、総裁としての立場（刊行時点ではすでに総裁に就任しています）を考慮すればその見解が世に公になりますと水戸の公式見解となる虞れが生じてきます。哀公の序文が付されるとなれば尚更のことではなかったのでしょうか。

このことはすでに幽谷が「略とても本史の略に候へば、一家の私言には無之、本館の国史天下へおし出し候も同然」（雲龍宛書簡、後述します）と述べていたところと通ずるものがありますので、吉成の危惧は十分に頷けると思われます。

十　『皇朝史略』の書名

いよいよ『皇朝史略』の書名についての議論に移ります。先に引いた雲龍の書簡には「国号改め」と記述されていた問題ですが、これに関しては多くの書簡が知られています。それは国立国会図書館が『貴重書解題――藤田幽谷書簡――』という史料集を昭和六十三年に刊行しているからです。この史料集には幽谷の雲龍宛書簡が二百八十二通収められています。この中に書名に関する書簡がかなり含まれておりますので、その中からもっとも重要なものを紹介したいと思います。

まず、書簡番号一四一ですが、文政八年六月十三日付の発信であり、亡くなる前年となりますからまさしく晩年の書簡なのです。文面からしますと、両者の往復書簡の一方であり、お互いが率直な意見を交換したものといえます。この書簡は収録の他の書簡に比べてかなりの長文であり、それだけ詳細な意見の表明となっています。この書簡は四条からなり、議論は国号の「大」字に関するものです。第一条の冒頭を掲げます。

史略凡例の内、日本史云々大の字御加不被成候儀、不審に御坐候処、是はわざ〳〵御除去の由、惣てうはさに申候には申候には、省略仕候事古人多く有之、たとへば前漢書の事を後漢書にて事具前書と各伝に有之抔貴諭の趣、御省略の段は御尤至極奉存候。但凡例の儀観者の分りやすき様に被成候には、はじめて日本史と御出し被成候所を、丁寧に大日本史と御出し、其次よりは日本史と不申候て、全史とか本書とか本史とか可然様御称被成候はば、後漢書事具前書の意にも相叶可申歟。後漢書ゆへ前漢の事を前書と申候時は、史略ゆへ全史とか本史と歟御扱被成候方可然様に御坐候。

「史略」の凡例に「大」の字を省いて「日本史」とのみ記されていることを問題としているのですが、「大」の字は「既経奏進候大典冊」で「勅許同然」のものであるから何のために除いたのかという疑問を述べ、いろいろとうわさに言及しています。いわば、この第一条は序論とでもいうべきものです。

続く第二条からが本論となりますが、三段に区切って、順次検討しましょう。

漢書・漢紀の類、固・悦の徒、更に不知礼とも被申間敷、韓文に唐故検校尚書左僕射劉公墓誌銘など、柳文唐相国房公銘の陰、其外唐人の文数多有之、国号へ尊称の字を不加候ても、不敬と申には有之間敷と来諭に御坐候所、漢唐の例を以て皇朝の事を御論被成候事、乍憚国体を虧損《きそん》いたし候漸にて、是貴兄御文章の大病根と存候。此御病根とくと御療治被成候様、純灰三斗にても御飲被成候て、是迄の徂来・鳩巣等一種の悪習を除去候様に、御腸胃を御洗滌候はば、貴兄の御文章方今海内無双非諛言と存候。惜乎此ところ御旧染御革被成兼候て、小子輩持論をば却て偏僻とか迂闊とか御片付可被成候。世上の文人にはいか様とも、出来次第此方より相構候事には無之候。御親友と申、御同寮と申、御互に切磋の誼、無伏蔵申述候。

「固・悦」とみえますのは『漢書』の著者班固と『漢紀』の著者荀悦のことで『漢紀』は『漢書』を編年体で要約したものです。続く「銘」は韓愈と柳宗元によるものを指します。幽谷の主張（傍線部に留意）は、漢や唐の例によって我が国のことを論ずるのは国体にもとり、それが大病根だというものです。その後の指摘では、病根の治療には純灰三斗で胃腸を洗滌すれば海内無双の文章だ、というのですから、実に強烈ですけれどもユーモアにあふれた表現です。少しく留意すべきは徂徠と鳩巣の悪習だとの指摘です。水戸におきましても、その影響は安積澹泊以来浸透しつつあったことは認められてよいのですが、必ずしも無批判に浸透したわけではないことがこの一例からも明らかです。むしろ、幽谷学派の批判に注目しておく必要があると思われます（拙著『現代水戸学論批判』をご参照ください）。

漢・唐の為国、固より大国にして、所謂文明の邦には候へ共、唐・虞三代已来王者逓興、革命易姓の事に候間、古史の所記録にも、虞書あり夏書あり商書あり周書あり。故に固・悦の徒、漢書・漢紀の作御坐候事も、当代の書と異代の書と分け候為め、漢の字を加へ申候。韓・柳等の碑文に唐尚書・唐相国某公抔申候は、金石の刻不朽に伝候事ゆへ、異代の尚書・相国と分ち候為め、上に国号を冠らしめ候所、単に唐と申候て大とも有とも加称無之候へ共、是は印章抔に漢の——王の章抔申候類、一と通り区別いたし候迄にて、文を去り質に従ひ候事、外に次第も無之様奉存候。

「漢の——王の章」はいわゆる金印のことでしょう。金印は天明四年に発見されたのですが、その直後には藤貞幹の考察などが著されています。寛政七年の立原翠軒の西遊に幽谷も同行しましたが、それに加わっていた小宮山楓軒が京都で貞幹に会っていますから、金印についても話題となったことが容易に察せられます（小宮山楓軒の「寛政七年西遊記」、また『楓軒偶記』巻の六に関係記事を収めており「此印藤貞幹模刻の物ありて、予に贈りしが、今は焚たり」とみえています）。ここでは、韓柳や固・悦の徒は易姓革命の国だから当代と異代を区別するためにのみ国号を冠しているのであり、それが敢えて「大」の字を加えていない理由であるとしまして、その例として「漢の―王の章」を挙げているわけです。

さて唐人の撰述にも、大唐六典・大唐西域記抔御坐候。国号の上に大字加候事、唐人に無之とも申がたく候。但日本の号、もとより天皇照臨の神州美名に候へば、大の字無之とも、事かけ候には限り不申候。乍去一旦大日本史の目、天朝へ御進奏の上、被為蒙俞允候御事に候へば、大日本史たとへば異邦の大清一統志抔申類にて御坐候所、何程うわさに申候とも、大の字御除従省略とは被申間敷候。御平心に御考被成候様致度候。

国号に「大」の字を加えることも加えないこともともと存在するが、『大日本史』は一旦朝廷に献上されたものであるから「大」の字を除くことは許されない、というのです。また、「大」の字が無くとも日本の号が「天皇照臨の神州美名」である、と述べていることにも留意しておきましょう。

第三条は前条を承けて、さらに敷衍した内容です。

貴兄我を立候には非候へ共、標準とするところは古人に有之、聖人孔子たも吾従大周とは不被仰、国号単称不恭に渉候はば、孔子の御存無之筈は無之云々、此御詞乍憚御強弁と存候。凡称呼等の事は時世の沿革も有之、古今一様には相成兼候。譬ば春秋の時周人は不称帝候て、至尊の称には天王を以てし候。秦・漢已来は称皇帝、また諸侯王と申事も出来候。其世に当りて孔子を準とし候とて、帝を指して王と申候はば、可か不かは不及論候。孔子の御時は殷人・周人抔申候て、国号に大の字加称の事は無之候。夫故従大周とは不被仰候筈にて候。

冒頭は雲龍書簡の引用なのですが、これを強弁として反論を加えています。それは称呼が時世により一様ではないとし、その事例として『春秋』にみえる天王を挙げているのです。天王号に関しては早くに「天王弁」という一文に考察がみられますが、「正名論」でも「而して孔子、春秋を作りて以て名分を道《い》い、王として天と称し、以て二尊なきを示す。」と述べていますから、長年の学問を基礎にした反論といえるでしょう。

今我神州常に日本とのみ申候へ共、書紀已来、オホヤマトの訓には大日本の字を塡められ、既に国史進奏の時、大日本史とて御指出に相成候。然るに貴兄本藩の史臣にして大の字御除被成候事、小にしては邦君への御不恭、大にしては天朝への大不敬と可申候。読書通古今如貴兄にして、是等の儀御心付無之筈は無之候へども、徂来已来の余毒に御酔被成候儀、今以御醒被成候兼、殊に御平生御文章御好にて、務て倭習を去候様御心懸被成候ゆへ、字法句法等悉く唐人の如く御学ひ被成候に付、御文章倭俗の陋習は一点も無之様の御出来被成候へ共、余り唐人を御模擬被成過候て、内外称呼等の際に大なる顚倒出来候事も有之様被存候。乍憚此所よく〳〵御心を被付候はば、日本一の御文章に御坐候間、何卒従前の風弊御一新被成候様致度候。

「大」の字を除くのは本藩の史臣としては不恭、不敬です。そんなことは古今の読書通である貴兄が存じないはずはありませんから、徂徠以来の余毒に酔っているせいかもしれませんとし、平生文章を好みながら倭習を去ることに心懸けているのは余りに唐人を模擬しすぎているからでしょうといい、これさえ気を付ければ日本一の文章ですから弊風を一新されたい、としています。傍線部は二条目の傍線部を受けての再度の主張です。

続いて四条ですが、ここでは『春秋』と「義公の思召」に留意したいと思います。

聖人孔子云々に付愚意存分に得貴意候。所願則学孔子学者の標準、此外は無之候。扨孔子春秋の意にて相考候時は、史略の儀日本にも国朝にも不及、やはり史略は史略にて宜候。小子毎々申述候儀、其本意は春秋を目当に仕候事に御坐候。春秋は魯史の名とは申候条、実は古の時、策書編《マ》年《マ》記事の通称にて候。故に墨子には宋之春秋・斉之春秋抔申候事有之、国語には晋羊舌肸《きつ》習於春秋、楚申叔時論教太子之法教之以春秋云々有之候。然は晋乗・楚檮杌《とうごつ》は其国の異名にして、晋・楚共に春秋の称有之、魯の春秋は固より其本名を称し候事明白にて候。它国にも如此春秋有之候故、晋韓宣子適魯観易象与魯春秋の文、左氏に相見へ候。左氏記事又は孟子の文抔には、他の事へも渉り申候ゆへ魯の春秋と断り候。麟経《りんけい》の作に至り候ては、師弟授受今に至るまで春秋と申候て、魯の春秋とは不申候。是は孔子魯人ゆへ魯の春秋とは御名不被遊候。

孔子を標準とするといいますのは、若き日から『論語』に親しみ、孔子を学んできた幽谷にとりましては当然のことでしょう。『春秋』論についてはかつて講究したところをふまえておりますが、たとえば「春秋は独り魯史の名にあらず」「列国史書通春秋と名づくるの論」などの考察です。要するに『春秋』は元来列国の史書の名であり、魯史のみをいうのではないとするのです。「麟経」は『春秋』のことで、麟を獲た年までの記述で終わっていることからの謂いです。

日本の人にして日本の史を作候には、実は国号も入不申候。夫故義公御在世の時は、史記とは御称被遊候へ共、日本史とは不被仰候。正徳已来大日本史の号出来、文化に至りて奏覧の御事も有之候間、大日本史は大日本史にて、国号加大候事、臣子尊朝廷の義にて御坐候。

「日本の史」では国号を用いませんでしたので義公の時も単に「史記」と称しておりましたが、正徳以来「大日本史」の号が出来、それが文化に至り朝廷へ奏請されましたので、それを尊ぶことが朝廷を尊ぶことになります、と説いたわけです。

本史は其通にて相済候所、此度貴兄史略御撰述被成候時は、幸に国号御除き、春秋不称魯の意に原づき、ただ史略とのみ御称被成候はば、義公の思召にも叶ひ、且又御謙退の意も含み、就中海内学者をして内外の弁ある事を知らしめ、漢・唐・明・清等の人と同日に無之様仕度奉存候。如此申候ては、何か愚論固執いたし候様にも可被思召候へ共、全く左様には無之候。方今天下の士大夫、升平の安に狃《なら》ひ、志気卑弱に相成候ゆへ、外夷陸梁、常に神州を侵侮いたし候。堂々神州大日本史の号有之所、貴兄より初て大の字を被除候様にては、不祥莫甚焉と存候間、諄々及御相談候。以上

結論の部分といえるでしょうか。単に「史略」としますと義公の意にも叶い、また謙遜の意も含み、

「内外の弁」のあることを知らしめることになりますとし、愚論を固執しているのではないとします。今は外国勢力の跳梁侵略を許している時ですから、堂々と神州の「大日本史」と号することが必要なのです、というのです。

二条目以降は全文を掲げたのですが、何故に「大」の字を省かねばならないのか、という幽谷の疑問の展開がうかがえると思います。

十一『皇朝史略』の書名（続）

次に書簡番号一四二を検討したいと思います。この書簡は六月二十四日付の発信で三条からなっています。書き出しの部分には「貴著史略凡例中、始て日本史と御記被成候所へは大字御加へ、たとへば全史とか本史とか被成候方可然、愚意之趣得貴意候処、尤に思召候由、安心仕候」とみえていますので、雲龍が幽谷の意見を受け入れたことが知られます。刊行本をみますと、凡例には「大日本史」あるいは「本史」と記されていますので変更したことが確認されます。

本文第一条が圧倒的に長く、先の書簡一四一の後を承けたもので重要な内容が含まれておりますので、以下数段に区切って検討したいと思います。

漢書・漢紀其外唐人国号単称の例を御挙、貴諭の趣御坐候に付、漢・唐の例を以て皇朝の事を御論被成候事、乍憚貴兄の御病根と存候次第、畢竟来翁・室氏等の余毒御祛被成兼候様に付、純灰三斗御腸胃を御洗ひ被成候はば可然様得貴意候段、親友忠告の誼とは乍申、純灰云々古人も申候へ共、是は自称候事、人の為に云々被成候様申候はあまり失敬の様にて後悔仕候。江河の量、千万御仮借可被下候。扨純灰三斗と申候も、実は御旧習甚しく御除被成候様申候迄に御坐候。

この箇所の前段では、先の書簡第一条の内容を繰り返しております。「純灰三斗云々」と述べたことを「あまりの失敬」と後悔の弁を述べてはいますが、それは旧習の弊害であるから除かれたいと申したにすぎない、としています。「来翁・室氏」は先述の徂徠と鳩巣のこと、「江河」は長江と黄河を指し、大きいことのたとえです。

小子儀は近年古事記伝繙閲已来、義竜居士秋津彦等の習気入膏盲候て、持論刻薄頗矯枉過直の様に思召候由、御規箴の趣は千万忝奉存候。扨古事記伝の儀、先年一と通繙閲候所、故事考証の為め、和書数多類を以て引用の事抔見合候に便利なる事も有之、書写手へ相懸け、少々抄録等いたさせ申候事も有之候。乍去其著書の人無識の男と存候。其議論は大に風教に有害候間、容易に人に示候儀は迷惑に存候程に有之候。夫故塙検校召出候て古事記をば御はなし申上候頃、古事伝御用に付、為差登候様江館より申来候節、介九郎より心を付候て、其害ある所は上公へ申上候様往復いたし候事に御坐候。右の通に候へば、小子儀何ほど古事記繙閲いたし候共、其習気を襲候事は無之候。義竜居士秋津彦等何等の男子に候哉。完て国学者の姓名に可有之候へ共、彼二人は其名さへ初て承候。其著書抔見候事無之候。其習気入膏盲候筈無之候。貴兄御講学、定て公平に御心を被用候事とは奉存候へ共、とかく勝を好むの御心深く、御議論往復の間、多く人を誣候儀御坐候相見へ候。是は御無用に被成度候。

まず人名から確認しますと、「義竜居士」「秋津彦」はそれぞれ賀茂真淵と本居宣長のこと、「介九郎」は川口緑野（文化十二年に総裁）を指します。幽谷の『古事記伝』への関心とともにその評価と抄録まで行っているところからしますと、その関心が決して浅いものではなく、著者への批判もみられますが、幽谷の国学観として頗る興味深い文面です。雲龍に対しては、論争において公平を装ってはいるけれども「とかく勝を好む」性格と見ていることがうかがわれます。

貴兄御文章別段なる事は、毎々感服賛嘆いたし候儀、諛言には無之候所、徂来・鳩巣の毒気御除被成兼候事は空論には無之、名義の上に大謬多く、就中倭漢・内外の弁に御昧《くら》きこと気の毒千万に御坐候故、無伏蔵申述候事に御坐候。堂々天朝百王一姓童子も弁候事勿論云々被仰越候所、童子も弁候程の儀、一代文宗と被仰候御立場にて間違出来候ては遺憾故、度々及御文通候事に御坐候。御勝気を御止被成候て、御平心に御夫御坐候様仕度候。推古已来遣唐の使を立られ、惣ての事彼を準則といたし、不比等作令にも尽く唐令により候。古すら漢・唐の事標準と致候事に有之候へば、今も漢・唐の事標準と被成候事当然と思召候由、御尤の様に候へ共、是亦徂来等の唾余にて、所謂知其一て未知其二と申ものと奉存候。律令・格式唐制に準擬勿論に候処、此方の入用に被定候迄也。律は律、令は令にて相済、何とも外に冠らしめ候詞無之、格式は弘仁・延喜等其時代の年号を付候迄に御坐候。徂来輩の如く唐人贔屓にて取扱候はば、律令の書も何とか上に冠らせ候字有之筈也。然るを左様無之候儀は、当時諸博士よく国体を存候故と奉存候。

ここでは再び徂徠と鳩巣の「毒気」を述べ、それは空論ではなく、名義上また内外の弁にくらいことは気の毒であるとして、雲龍の文面を具体的に引き批判を加えています。特に、遣唐使に関して漢唐を標準としているのはもっともらしいけれど徂徠の「唾余」（つばのこと）だとし、徂徠ならば格式にも年号ではなく（年号に加えて）国号等を冠したはずで、そうならなかったのは当時の博士たちが国体を弁えていたからだ、としています。

扨又舎人親王日本紀の例被仰下候。是は旧事紀・古事記と違ひ候て、珍ら敷冠以国号勅撰の書、容易に議し兼候へ共、得失の儀は識者自有定論候事にて候。書紀はともかくも、三代実録等に至て日本の字加へ候事、別て如何敷候。是は書紀の国号を被用ことを沿襲いたし候事と不足深論候。最初の国号に就て申候はば、磤《いん》島史略或ハ蜻州《せいしゅう》史略抔申候方可然候へ共、少々好奇に近候間、国朝に被成候外無之との来諭を読候て、愕然と仕候。おのころしまの儀は太古洪荒の談話、天下の物号には難用、秋津洲迚も、大和の内にて御巡覧被遊候形勢を以て被名候事にて、是亦天下の大号には無之候。たとへ此方にて大号に被用候故実有之候共、洲島等の字を以て国史の上へ冠しめ候事、譬ば朝鮮の事を鶏林記事、安南の事を交趾紀略抔、明・清の人より名つけ候事の如く相聞へ可申候。か様なる狂惑悖乱の名、史館の撰述に有之相済可申候歟。前に所謂名義の上に大謬多く、倭漢・内外の弁に御昧きとは、小子の言、過刻の論には有之間敷候。尤磤島・蜻州抔御名つけ被成候事、於貴兄も好奇にて不宜とは思召候由、畢竟不用の事を御述被成候て、国朝の字へ御おとし被成候御つもりと被存候。

国号を冠した書名として雲龍が、「磤島史略或は蜻州史略」と提案していることに対して「少々好奇に近」く「愕然と」したと述べ、それは「朝鮮の事を鶏林記事、安南の事を交趾紀略」とするようなもので明や清の人が名付けたように聞こえる、としています。そして名義には謬りが多く、倭漢内外の弁にくらいと私が言ったのは決して言い過ぎではないとして、前段の言い回しを再度繰り返しています（傍線部）。おそらく貴兄も「礙島」「蜻州」という名は好奇で宜しくないと思っているだろうから、「不用の事」を述べて国朝の文字におとしめようとしたのではないか、とも付加しています。

前度は孔子従周との玉ひ大周に従とは不被仰候云々、大日本の大を御除被成度来諭に付、然ば外の例にも不及、やはり孔子春秋を作玉ひ候て、魯の春秋と名つけ玉はず、是内辞に国号を不用の明証にて候。凡史書の儀は春秋の遺法を用ひ候事、古今不易の論に御坐候。然ば大日本史も実は史記にて宜御坐候へ共、大日本史と相成候上は大日本史にて候。大の字今更除去候ては、不恭莫大焉と奉存候。史略の儀は貴兄御私撰の儀にて、大日本史数先君の御修被遊候とも次第違ひ候間、一と通り史略と被成置候へば穏当至極、天下に異論は有之間敷候。此儀度々及御文通候へ共、史略ばかりにては通俗に不宜候由、前には孔子云々聖人国号へ不加大なと、大造なる御論御発し被成候に付、孔子春秋不称魯の義を以御往復申候へば、俗の通用に宜敷無之候由、然らば孔子春秋も何故俗の通用を御考不被成候哉。古より賢人君子著書伝世候は、一時の名を博候為には無之、正名明義、天下後世の亀鑑とも相成候様に仕度候。俗の通用云々を申候はば、草紙抔の方漢字の書よりはまさり可申候。

「前度」といいますのは先の書簡一四一にみえる内容だからでしょうか。また、孔子の『春秋』に関しての議論もみえており、これも再論となります。「史略」の名称を通俗的で宜しいかそうでないかという議論なのですが、先に雲龍が孔子の『春秋』について議論をしたことに対して、聖人君子の著書が伝わったのは一時のためではなく「正名明義」そして「天下後世の亀鑑」たることが重要なのだ、と述べます。俗の通用をいうのであれば、漢字の書よりも草紙の方が優っているということになる、というわけです。

書肆などにて書名懸榜にも、史略と斗単称にては和漢差別無之、何の史略と申事分兼可申云々、上公にも御意被遊候由、乍恐左様御意被遊候とも、貴兄御申上候振に付候て被仰候事と奉察候。もし第一に書肆懸榜云々の事を主として被仰候はば、余り卑近の御論にて、王公大人の御詞とは不覚候。坊間の事は如何様にて、著書の君子相構ひ候わけは無之候。もし最初より書肆の通用如何と彼是工夫を廻らし候はば、近世市井の儒、詩話小説等を上木、其書の易售《えきしゅう》を謀候て貪利の資と仕候類に近く候。貴兄抔左様の御次第は毛頭無之筈に御坐候。君子著述は君子の持前にて、史略とのみ御名つけ被成候ても、本屋共仲間にて十八史略・十九史略等と間違無之為め、符号同様私に申候には、日本史略と成共青山史略と成共、勝手次第に呼ばせ候て宜候。

この箇所には、書肆の販売に関して具体的な事例を挙げて反論している状況がうかがえます。販売を論ずるのは余りに卑近であり、坊間（世間）を気にして君子の著書たることを配慮しないのか、販売の利益が目的ではないはずであろうと述べています。総じて君子の著述たることを重視している文面といえますが、それでも「青山史略」という言い方にはかなりの不信感が表れているようです。「易售」は商いのことです。

扨又、書中正文には、きつと史略とのみ有之、天下後世迄其通に相伝勿論也。書肆懸榜に至ては史略と大書いたし、其旁には水府の青山先生、大日本史の内より抄節せられ、尚更国史引用の本書に就て、事実迄くわしく訂正を加られて此史略と成、海内の士、国史を読む者の為に便とす、独り初学の為のみに非ず云々、かけ置候は指見へ候。然らば史略にても大日本史の略と申候事は明白にて候。何の御苦労にも及申間敷候。貴兄御著作の書へ愚意固執、気の毒仕候へ共、国史は御同職の儀、略とても本史の略に候へば、一家の私言には無之、本館の国史天下へおし出し候も同前、不得已、反覆御論弁申候。

ここでも雲龍書簡を引きながら、しめくくりとしての批判を繰り返していますが、それは「一家之私言」ではなく、史館の国史を天下に公表することと同じだから同僚として弁じた旨を述べています。以上、第一条の全文を紹介しましたが、あとの第二条と第三条も若干は一条目と関連しますけれど も短く、また繰り返しでもありますので省略したいと思います。ただ、三条目の冒頭に「御前伺何程御済被成候ても、林家抔宜と申候ても、諸有司よろしく候と申上候共、外の書と違ひ史略の儀は、大日本史の略に候間、史館の公論不可磨滅、能々御工夫御坐候様仕度候」とみえることを付加しておきます。

このように幽谷と雲龍の間に歴史思想上の相異がみられることは、この書簡を一瞥しただけでも明らかですが、早くにこの点に注目されたのは小松徳年氏です。『水戸藩の文化と庶民の生活』（平成十三年）には「水戸藩の儒学者青山延于の研究」として論文や史料紹介など四本が収録されています（すでに若干を紹介しました）。氏はこれらの論文の中で幽谷と雲龍の歴史思想の具体的な相異を明らかに

されていますが、特に「正名」の把握の違いに注目して、

幽谷が臣下の君主に対する「名分」尊重の義務を主として説いたのに対して、延于が儒教の正名思想の立場に立ち、「名」の乱れによって権柄が下に移るとし、為政者の失徳を厳しく批判していたことはすでにみてきたとおりである。延于は「名分」の尊重を君主たるものの責務とみ、「名」に値する君徳の涵養を第一義と考えていたのである。

と述べられています。そして、この相異が『皇朝史略』の刊行をめぐる問題に決定的な役割を果たすことになるわけです。

ところで、『皇朝史略』の刊行に反対した急先鋒が幽谷であるという山川菊栄氏の主張（『覚書幕末の水戸藩』）は憶測にすぎないのですけれども、それが決して正しくないことをも小松氏は指摘されています。ともかくも、幽谷は詳細な反論を加えつつも依頼された序文を認めていたのですが、小松氏によって雲龍の歴史思想とそれが幽谷とは異なるものであることがいっそう明らかになったといってよいと思います。

なお、書簡番号五〇にも、年代は確定できませんけれども「日本国号の事、近頃反復弁論に及び、和学者の習気と御咲御坐候所、此間又一奇談御坐候」と述べた箇所があります。

十二　『皇朝史略』の書名（続々）

『貴重書解題』は国立国会図書館所蔵の幽谷文書のみを収録したものですから、当然のこととして雲龍の書簡をみることができません。先の幽谷書簡は雲龍の書簡に対する返書ですから両方をみることができますと、さらに考察を深めることが可能ですが、遺憾ながら容易ではありません。そういう状況ですから、小松徳年氏が紹介された先の二書簡に関連する雲龍の幽谷宛書簡は極めて重要といえます。あいにくとこの書簡には宛名と差出人名がみえておりませんが、文面と六月二十九日という日付から小松氏が返書と推測された書簡です。所蔵は京都大学文学部です。この書簡が先の一四二を受けてのものであることは文面からして間違いがありません。

以下、この書簡を先の書簡と関係する箇所を中心に紹介したいと思います。書簡は先の著書に収められていますが、初出は昭和五十四年発行の『茨城史林』第八号です。なお、小松氏の論文の多くは『貴重書解題』の刊行以前の発表ですから、この点においても氏の研究は高く評価されてよいと思います。

書簡はかなりの長文ですので省略しなければならない部分もありますが、主要な議論はすべて掲げたいと思います。また、この書簡には幽谷の返事が朱書で行間に記されていますので、必要に応じて紹介したいと思います。

　拙著の義御駁論有之に付及貴答候処、又々御示教の趣委細致拝見候、漢書漢紀国号草称の例に難相成、小子見解物室両氏余毒を受候付純灰三斗云々の御示教、古人自称の事には有之候へ共、人の為に申候事無之、御発書後御後悔御坐候段御丁寧の御紙面、却て赧顔《たんがん》仕候、毎々御同職にも有之候付、御親切被仰下候段、たとひ御嫚言《まんげん》たりとも御常言と存居候間、少しも帯芥《たいかい》と不仕候、

「拙著」はいうまでもなく『皇朝史略』のことですが、先の書簡で幽谷が徂徠や鳩巣の余毒を受けているとした批判を後悔していると書き送ってきたことを述べ、かえって自らの恥とし、嫚言はいつものことなので少しの差し障りもないというわけです。「赧顔」は恥じて顔をあかくする、「嫚言」はあなどりのことば、「帯芥」は僅かな差し障りの意です。

　扨又、貴兄学風近来義龍居士秋津彦の糟粕に御酔被成候旨得貴意候処、両人の書も御覧不被成候旨被仰下候処、貴兄和習御好被成候付、和学者取扱候通名を以て得貴意候、義龍は真淵、あきつ彦は本居に御坐候、貴兄ひたもの古事記伝御好被成御読被成候已来、御見識大に変昔日の足下とは両截の人の如に被存候、何故と申候へば、貴兄寛政丁巳《ていし》の冬水館へ御贈被告成候書御坐候、其大略を爰に録候、（以下、幽谷の書は省略）

　先に貴兄（幽谷のこと）が真淵や宣長の糟粕（かすのこと）に酔っていると申し上げましたが、彼らの書物は読んでいないとのことですけれども、貴兄は和習を好まれていますから通り名で記したのです。

義龍は真淵、あきつ彦は宣長のことです。「ひたもの」である『古事記伝』を好んで読まれて以来、かつてとは別人のようです。何故かといえば、貴兄が「丁巳の冬」に水戸の史館へ贈った書がここにありますのでその大要を記します、というのです。「丁巳の冬」の書は「校正局諸学士に与ふるの書」のことですが、丁巳は寛政九年に当たり幽谷は二十四歳です。いま文政八年には五十二歳ですから、二十七・八年前の書簡（おそらくは写しかと思われます）を保存していたことになるのですから、驚きです。「和習」に関しては「日本国号の事、近頃反復弁護に及び、和学者の習気と御咲《わらい》御坐候所、此問又一奇談御坐候」との幽谷の朱筆があります。

なお、『古事記伝』を幽谷が読んでいたことは先の書簡にみえておりますが、「和習」や「和学」に関して思い起こしますのは「高橋子大に答ふるの書」に『拾葉集』を「遊戯に出づる」と評していたことです。『拾葉集』は「和学」に通ずるものですから、幽谷への批判はそのまま『拾葉集』の批判でもあるわけです。

ところで、『文苑遺談』の「青山延彝」の項では、延彝が国学に肆力《しりょく》（力をつくす）し、国学に通じ、丸山可澄以後の国学を掌ったとしていますので、国学を神道的な側面から理解していたようです。しかしながら、安藤為章を国学に通ずるとしていますので、国学が『拾葉集』や和歌及び『万葉集』に通ずる学問としての認識も持っていたと思われます（国学の意味については拙著『水戸派国学の研究』をご参照ください）。したがって、「和習」「和学」への批判は義公や為章への批判となり、ひいては父延彝への批判にもつながりかねないと思われます。おそらくは、このような認識が国朝の文字への拘りとなっているのかもしれません。

かくの通御議論御坐候事しかと覚へ居候、然処此度御書面日本とばかり称候ては不敬に思召候由、一昨年冬より御駁論有之、日本史略と中事尊号加へ不申候ては如何敷候間相改候様被仰聞候、最初の御見識とは大に致相違候様被存候、且又三年巳前春、右書立稿に付上木にも致度候間存分御訂正被下候様相願、半年ほど御手元へ被差置、毎冊御下札も被下候、其節は国号の事曾て御話合も無之候、

「一昨年冬」とありますので、文政六年の冬から議論があったわけです。幽谷の見解が当時と違ってきていることを指摘し、また「三年巳前春」すなわち文政六年の春に脱稿して以来存分に意見をいただきたくお願いしたが、その折は国号に関する話はなかったと述べています。

猶又、凡例も及御相談候処、是又思召も無之候由に御坐候、上木願の義も御頼申候処、当時全五郎代役中にて万一行違も出来候ては此後の故障にも相成候間暫差控、先林家へ為見候様御指図御坐候間、左様可致存居候中、小子定府被仰付罷登候て段々館僚と右の物語仕候処、吉田簒に（以下、前に引用していますので省略）

凡例についても相談していたことが知られますが、その後も議論があり、とりわけ吉田などの反対の意見があったことを幽谷から聞き及んでいることが記されています。

次の御便りに国史節略或国朝史略両様の中にて相改可申得貴意候処、鄭漢仲が通志略例も有之候間国史略と仕候様御示教御坐候、次の御便の皇朝史略と改候様被仰下候間、維揚著述の書と同名

に相成候間左様にも難相成段及御挨拶候、然処同月廿九日御書面に被仰下候

次便では「国史節略」あるいは「国朝史略」の名で相談したところ、幽谷は「国史略」と提唱してきたのです。さらに次には「皇朝史略」と改められることを述べられたので、この名が谷維揚の著述と同名であることを知らせたところ、またまた幽谷の書面が届いたわけです。この冒頭には「国朝の字不可然候様存候へ共、史略斗にては御承知無之故、皇朝の方国朝にはまさり可申存候間如此得貴意候」という幽谷の朱筆があります。

なお、次に記載の別啓では三字題号を論じていますが省略します。

右の通り被仰下候故国朝史略に定差置候、一体小子存寄は、日本紀略の例も有之、勅撰の書に無之候とも日本の字用ひ候間、本名の通に仕度候処、貴兄御深切に御示教も御坐候処、其へとやかく申候も拒長者言候にも近候故、むりむり題号改候処、三字題号に仕候様被仰下候へ共、小子心底に叶不申候故是は仰にも不任候、然処此度御議論は、是非二字題号に仕候様被仰下候、是は小子三字題号嫌ひ候処御不満被思召候、又々二字に改候様被仰下候義も相見へ候、来年にも至候はば、又々一字題号に改候様にも御指図可有之候、小子御存の通り不学短才負乗の任を蒙り居り候故、国史一件にかぎらず動もすれば御掣肘《せいちゅう》を被成候御事と存候

そこで雲龍は「国朝史略」と定めたのですが、『日本紀略』のように勅撰でなくとも日本の文字を使った例もありますから不敬ではないというわけです。さらに、貴兄は親切にもご教示され、それを拒むこともできないので長者の言としますが、むりに題号を改めよといい、また三字の題号ではどう

かとされるのは納得できないと述べます。ところが、この度は二字題号ではとされますが、私は三字は嫌いなので貴兄には不満かもしれないし、また二字があれば来年は一字に改めよとの指図になるかもしれない、と述べます。雲龍の気持ちが如実にうかがえる文面です。なお、「掣肘」は牽制するの意です。

扨史略とばかり申候事先便俗の通用によろしく無之と得貴意候一件、最初仲尼周監二代其外班荀二史の例を以及御挨拶候とは符合不仕候様思召の段被仰聞候処、先便仕出差懸り長々しく得貴意候には間に合兼候間、さつと得貴意候事に御坐候、然処此度貴教に俗の通用に随ひ候はば、草紙など申可然旨被仰聞、例の通御嫚言御侮弄《ぶろう》の御事貴答にも不及候、

単に「史略」と称する意見は書簡一四一の六月十三日付にみえていたことですが、その他色々な意見は「御嫚言御侮弄」だから「貴答にも不及候」、すなわち無用というわけです。雲龍からみればいろいろと意見してくる幽谷に閉口していたのかもしれません。以下、若干省略しますけれども「史略の御説御坐候には、春秋史記等の古き例を御引用被成種々御弁護を以」という箇所には「史略と斗にては何国の史略か分り兼候と被仰候故、春秋不称晋の例を引申候」との朱筆があります。「御説」「御引用」は幽谷の主張を指すのですが、要するに「史略」のみでは何国か分からないという雲龍の見解に答えたものです。

扨人心如面にて於其著述各主意御坐候、温公と劉道原と正統を論候て其説終に合不申候へ共、通鑑の邪間は不仕候、古人の温厚質直なる所是にて可見候、只今の人はそれと違ひ、己が説を用ひ

不申候者其書をも打こはし世に伝へざることをのみばかり候、是は古今異なる所と相見候、「人心如面」は幽谷の序文にもみえていますが、それぞれの主張は一様ではなく、顔が異なるように違うというわけです。温公と劉道原が正統を論じて意見が合わなかったことは「高橋子大に答ふるの書」にもみえていますが、温公は道原の力を藉《か》りて通鑑を成したことを指しています。今の人はそれと異なるというのですが、幽谷に対する不満の表明でしょうか。この箇所にも「御尤に御ざ候、但し是等の儀は皆革命の邦、累代の事ゆへ左も有も、著者の人了簡次第に候」とか、また「天朝の国体夫とは違ひ候間、外の儀は左も有も、名義に係候事は史編の眼目に御坐候、尚更館中御同職の事ゆへ天下後世の議無之様御互に論弁を費事に御さ候（以下略）」という比較的長い朱筆が記入されています。

扨又小子著述の書上木の事を彼是沮格《そかく》仕候も江水共有之候由、いかにも左様可有之被存候、君平など外人の著候書持論事実共に大紕繆御坐候処、是をば却て持はやし、同僚等の著候書は、吹毛求疵種々の瑕類を拾候て若震訟呶々としく惟其沮格をのみ謀候事、当時の人情に御坐候、已に先月中館僚の中（貴地か登候人）小子へ申候は、御著述の書御拝借金御願被成候はば可相済候間、早く御上木に被成候て可然申候者有之候間、兎角急には参り申間敷候へ共、上木には仕候存寄に有之候旨挨拶仕候、其節小子心付候、この人定て水府へは沮格の説申遣候事に可有之候、其故小子へ右の諛言《ゆげん》申候事と忖度仕候、世中にはか様に反覆陰狡の小人御坐候間、万事貴兄へは貴兄の御気に入候様に諛言を献じ、又小子へは貴兄の事を誹謗仕候様なる人も御坐候間、人情の嶮善邪よりは利に御坐候間、御互に人の諛言を悦不申候様に可仕候、惣て当世の人情、人の為る事をば沮候て手前にては何事も不仕候風儀に御坐候、能々御亮察被下候様に仕度候、貴察の通第一巻有司へ差出候に間に合不申、御前の御本拝借仕差出申候間、惟今にては騎虎の勢、拝借相済不申候とも他借仕候てなりとも近年上木仕候積に御坐候、若紛々の説行はれ候節は、小子辞職仕候覚悟に御坐候、

刊行に関して江戸にも水戸にも沮《はば》もうとする人たちがおり、君平など藩外の人の著述を持てはやし、同僚の著述を貶めるのは当時の人情なのだと述べつつ、館僚の中には拝借金により早く刊行してはどうかという者もいますが、その人は実は刊行反対を申し述べているのです。そういう狡猾な人もおり、貴兄には諛言を献じ、私には貴兄を誹謗してくるのです。人情はこんなものですから、お互いに諛言を悦ばないようにしたいものです。借金をしてでも近く刊行したいと思っています。面倒になれば辞職も覚悟の上です、と決意を表明しています。

以上の内容をまとめてみますと、この書簡は二十四日付（書簡一四二）を受けて、幽谷が「純灰三斗云々」の発言を後悔していること、「義龍ハ真淵、あきつ彦ハ本居に御坐候」と回答したこと、幽谷の「御見識大ニ変昔日の足下とハ両截の人の如に被存候」とし、その根拠として「寛政丁巳之冬水館へ御贈被成候書」すなわち「校正局諸学士に与ふる書」を引用していること、「一昨年冬より御駁論有之」とその経過について反論を述べていること、その反論が書名に関するものであること、刊行に反対するものがあること、などについて述べています。「校正局諸学士に与ふる書」の引用について

補足しますと、雲龍は『文苑遺談』の「藤田一正」の項にも引用しております。しかも、この項の大部分が「校正局諸学士に与ふる書」で占められていますことは雲龍にとって題号問題が極めて大きなものであり、それが幽谷のすべてであるかのような印象を抱かせるのですから、幽谷の一面を伝えているにすぎないと思われます。

いずれにしましても、幽谷が「水戸学形成者の一人」であることはいうまでもありませんが、それに対して雲龍は「後期水戸藩学の担い手の一人」として位置づけることができます（小松氏前掲書）。ただ、幽谷は単なる「一人」ではありません。義公精神の復活を何よりも重視し、そしてその担い手を養成したことに大きな意義を認めないわけにはいきません。むしろ幽谷なくして水戸学（いわゆる後期水戸学）は語り得ないというべきでしょう。繰り返しにはなりますけれども、幽谷と雲龍の両者には明らかな思想的相異、それは水戸学を規定する根源的な相異なのですが、その相異の存在を明確にする書簡といえるのではないでしょうか。

十二 『皇朝史略』の史論

『皇朝史略』の本文は『大日本史』（主として本紀です）からの抜き書き的要約とでもいうべきものですから、本文に雲龍の主張をみることはできません。しいていいますと、どういう箇所を抜き書きしたのか、というところに雲龍の史才をうかがうことができるかもしれません。それはともかく、雲龍はところどころに「外史氏曰く」として自らの論評を載せています。いわば、論賛となりますが、ここには雲龍の史論（あるいは歴史観）が如実に表明されています。

「外史氏曰く」は巻二に一箇所、巻三に四箇所、巻四に三箇所、巻五に四箇所、巻六に七箇所、巻七に三箇所、巻八に二箇所、巻九に二箇所、巻十に二箇所、巻十一に四箇所、巻十二に二箇所みられます。以下、この部分の雲龍の主張をみていくことにしたいと思いますが、特に栗山潜鋒の『保建大記』と三宅観瀾の『中興鑑言』の記載と合致する時期に焦点を当てて検討します。それは、この時期が水戸史学を考える上でもっとも重要な時期であり、この二著がそれを論じた典型ともいえるからですし、また、その史論が義公の修史とどのような関係にあるかを考える必要があるからです。

それでは巻十一にみえる雲龍の史論から検討してみましょう。まずは次の一節です。

外史氏曰く、藤原公継、後鳥羽帝を諫む。帝、納れざると雖も猶ほ之を優容す。中原章房、後醍醐帝を諫む。而して帝之を殺せば、則ち帝諫めを拒むなり。抑も又、焉の甚だしく、然も其の乱に致り、二帝一徹して帝能く位を復す。其の故は何ぞや。蓋し、承久の時に方りては義時柄を秉《と》り以て輔け、泰時を以て上下輯睦して士庶心を帰す。元弘の時、高時兇逆して人心離叛し、海内乱れを思ふ。此其の成敗異なる所以なり。

ここでは天皇に対する諫めを論じていますが、後鳥羽帝については巻九にみえておりますので、いわば諫めの背景を比較するための記述となります。諫奏者の処罰の相違を背景に求めているわけですが、『大日本史』本紀の記述からみますと少々違和感を抱かざるをえないのです。藤原公継については列伝に伝記が収められており、諫奏の状況をうかがうことができますが、これはひとまずおいて問題とすべきなのは『皇朝史略』後醍醐天皇の条、元徳二年夏四月の記事です。

盗みて大判事中原章房を殺す。時に帝、北条高時を討たんと図り、密かに章房を召し之を謀る。章房、固く諫む。帝、語の泄れんことを恐れ、参議平成輔に命じて之を図らしむ。時に瀬尾兵衛太郎なる者有りて雲居寺の傍に居る。俠を以て聞ゆ。成輔、之に啗《くらわ》すに利を以てす。章房の出るを窺ひ、之を刺殺す。

『大日本史』本紀の本文に中原章房に関する記述はみえておりませんので、雲龍がわざわざ元徳二年の条に挿入し、この記事の直後に「外史氏曰く」の評論が添えられたということになります。それではこの記事は全くの雲龍による創作かといいますと、そうではなく孝子伝に収める中原章兼・章信伝に拠ったものなのです。列伝に章房伝はありませんが、章兼・章信伝の前半に章房の諫奏のことが記されています。実は章房は章兼・章信の父で、父が殺された後その復讐を謀り、犯人の瀬尾兵衛太郎を探索して仇を討ったというのです。この逸事によって章兼・章信伝が孝子伝に立伝されたわけです。換言しますと、章房に関する記事は中原章兼・章信伝の導入としての役割を担っているということです（詳細は『大日本史の史眼――その個性と叙述――』第七章をご参照ください）。

それでは雲龍は何のためにこの記事を挿入したのでしょうか。ここで考慮に入れなければならないのは『皇朝史略』の自序です。自序についてはすでにふれましたので思い起こしてください。自序で史（史書）は「是非得失」を明らかにするものと考えていたことです。したがって、「外史氏曰く」という論評は、常にこのことをふまえて書かれているわけですから、これをふまえて『皇朝史略』を読む必要があるのです。

そうしてみますと、本紀本文にみえない事情でありましても他に関連の記述があれば、それによって新たに記事を起こし「是非得失」を明らかにする材料として活用しようと考えたことが容易に推察されます。そこで「外史氏曰く」の記事を検討してみますと、雲龍は後鳥羽上皇の場合と比較する形を採りつつ、その「成敗の異なる所以」を考えたのですけれども、実は後醍醐天皇の失徳を述べた文章であることが分かります。それはさらに次の論評をみますと明らかになります。

　外史氏曰く、足利尊氏、九州の精鋭を悉《つく》し、席巻して東に方るなり。其の鋒は当たるべからず。而して義貞は疲兵を駆り、散卒を集め、勝負を一戦に決す。固より失策と為す。嚮《さき》に帝をして正成の言に従はしむ。義貞・義助の諸将は軍を旋し、敵を引きて京師に入る。曠日《こうじつ》持久して以て其の鋭気を撓む。然る後、奇計を設けて以て之を撃つ。捷せざるを蔑するなり。惜しいかな。帝慮此に及ばず。少年鋒を推しての計を用ふ。一敗地に塗れ、終に姦賊をして志を得しむ。嘆くべきかな。

ここでは文意は明瞭ですから解説の必要はないと思いますが、傍線部に留意しますと後醍醐天皇の失徳を述べたことは明らかです。天皇は少年のような勢い鋭い計略を用いられたのですけれども、かえって賊の思いのままを許したのですから嘆かわしいことです、というのです。また次はいかがでしょうか。

外史氏曰く、帝英邁の姿を以て延喜延久の風を慕ひ、意を鋭くし治を図る。元応の政には観るべき者有り。播遷の禍は帝自ら取ると雖も、然れども素より失徳有りて、怨みを天下に取るに非ず。故に海内憤怒し、英雄は力を陳べ、竟に能く少康一旅の衆を以て、斉襄九世の讐を復す。帝の英断の然らしむると雖も、亦時の為すべきに会するなり。其の欲満ち志得るに及んでは、奢侈を極め、盤楽を荒らし、讒言を信じ、忠勲を黜《しりぞ》け、終に大乱を致す。逆賊をして天に滔《はびこ》らしめ、而して京師は再び陥る。此れ他無し。駕馭に由り宜しきを失ふ。而して措置して方を乖する故なり。請ふ嘗《こころみ》に之を論ぜんことを。夫れ天下は大器なり。安んずれば則ち傾け難く、傾けば則ち正し難し。顧みるに措置の術何如に在るのみ。帝の位を復するに方りて、親房・藤房と相し、正成・長年の徒をして京師を護衛せしむ。義貞は護良を奉じ、出て鎌倉を鎮む。此の如きは則ち惟海内の安きを得ず。王室の盛は殆ど将に往古に復さんとす。惜しいかな、帝の勇武は余有りて英略は足らず。才智は人に絶して、明徳は闕く有り。此れ其の、大業の終らざる所以にして、僅かに偏安に止まるものか。

帝は申し上げるまでもなく後醍醐天皇のことです。一応は天皇の英邁にもふれてはおりますが、ここではあからさまに「失徳」の文字を使い、全文後醍醐天皇に対する論評となっています。「元応」は天皇の二年目と三年目の年号、「斉襄九世の讐」は春秋時代の斉の襄公が紀国を討ち、九世の仇を報いたこと、「偏安」は帝を一方に称して全国統治の権のないことをいいます。傍線部の主旨は前段の傍線部と同一ですから、やはり「失徳」を強調するものといってよいかと思われます。なお、「斉襄九世の讐」についてはは澹泊の論賛(後醍醐天皇紀の賛)にもみえております。

このような雲龍の論評をみますと、三宅観瀾の『中興鑑言』を思い起こさざるをえません。論法は観瀾と全く同一です。『中興鑑言』も全文後醍醐天皇失徳論といってもよい書物ですけれども、たとえば次のような一節があります。かなり難しい文章ですから現代文に訳して掲げてみましょう。

後醍醐天皇は徳義に怠りたまわることが多いのである。志に満ちて欲心がほしいままにあって、徳を治めたまう本が乱れて手本が異なってしまった。これでどうして朝廷と民を正すことができようか。また法律が乱れ、統治が正しくなく、よからぬ者が用いられ、正しく諌める者はあるかなしかの如くである。これでどうして国を治めて万機に政を操ることができようか。そうして、祖宗の偉業がくずれて再び盛んにならず、幾多の忠臣義士や罪のない民が槍や矢で命を落とし、あるいは生活難に陥り、禍が長く止まないのである。誠に慎まなければならないのである。帝の徳を申し述べてみると、利ということに尽きるのである。孟子が戒めたところに私は強く感ずるのである。（総論）

仰いで考えてみるに、代々の天子の徳化を承けて、政治と風俗は簡略にして無為を称したのである。ところが中世になると事件が多く治乱が続き、後醍醐天皇に至ると、天下の恢復を図られ、遂に成功したが又覆ってしまった。これは天皇の処置のされ方、総覧の方法、奥向きのこと、経済のことなど善悪得失を重ねて論ずれば、大いに世の戒めとなることがあろう。（跋の一部）

以上はまとめのところですから、具体例はみられませんけれども特に論徳編などには具体的な批判がたびたび綴られております。かいまみただけですけれども、雲龍の記述には観瀾に通ずるものが明らかにうかがえると思います。

十四 『皇朝史略』の史論（続）

続いて『皇朝史略』巻八の記述を検討してみましょう。この記述は栗山潜峰の『保建大記』と関連するところです。関連の記述は巻七にもみられますが、やはり代表的な記述はここであろうと思われるからです。

外氏曰く、養和帝の西海に播遷するに当たり、京師に主無し。藤原兼実、法皇に勧めて後鳥羽帝を立つ。其の言に以謂らく、朝廷に主無くして平氏を討つは師出て名無しと。蓋し、兼実主を立つるを以て権を処するの宜と為す。殊に知らず、其の権を処する所以の者、適々以て乱を開き、原を厲階《れいかい》に長ずるに足らん。是の時に当たり、之を計と為す。宜しく速かに将に命じて師を出て、以て鑾輿《らんよ》を迎ふべし。平氏の徒をして法皇の位を曠《むなし》くして帝を待つを知らしむ。安ぞ其の過ぐるを悔やまずして、鑾輿の京師に還るを知らんや。万一、鑾輿還らざれば意外の変有らん。然る後、主を京師に立つ。庶幾は変に処するの宜を得ん。計は此を出でず。速やかに新主を立つるは正閏係くる所を知らず。何ぞ以て元魏孫騰の高歓を説いて廃帝を立つると異ならんや。延元以後、南北分かれ両統と為す。兼実、俑《よう》を作るに由りて哀しまざるべけんや。

養和帝は安徳天皇のことです。その天皇が平氏とともに西海に遷られれば京都に主が不在となるわけですが、その時兼実の上言によりまして後白河法皇は神器のないままに後鳥羽天皇の擁立を図ります。雲龍はこれを兼実が権力を得るための便宜と解したのです。「厲階」は災いのもと、「鑾輿」は天子の乗り物（転じて天子のこと）の意です。「元魏孫騰」は南北朝時代東魏の武人で高歓（東魏の権臣で北斉の基礎を創りました）の部下だった人ですが、その皇帝の擁立になぞらえているのです。雲龍の独創的引用ではありません。すでに安積澹泊の論賛にみえていることなのです。すなわち後小松天皇紀の賛に「孝武は高歓の逐《お》ふ所と為りて、孝静、其の立つる所と為る。則ち正統の西に在ること、従りて知るべきなり」とみえています。要するに澹泊は正統を論じているのですが（ここでの神器論は問わないこととします）、雲龍は「俑を作る」すなわち人形を立てる、それは傀儡を擁立するということなのですけれども、そのことを哀れんでいるだけなのです。

実は兼実の上言は後鳥羽天皇本紀にはみえておりません。この記事は列伝の兼実伝にみえるところですが、兼実伝によって『皇朝史略』の関係記事が執筆されているわけです。しかも、「外氏曰く」という論評の直前に挿入されているのですから、先に述べました巻十一の場合と同じです。要するに、論評のために列伝からの挿入記事とも言えるわけですが、これも「是非得失」を明らかにするための方策ということになります。

ところで、挿入記事は兼実伝に忠実であり、その上言の要点は三点です。その三点とは①民の仰ぐところがなく、盗難が頻発して混乱が起こるのは主が不在のためである、②平氏は主を奉っているのに、吾は主なくして討とうとしているのだから名分がない、③祖宗の法では神器なくしては即位できないが、継体天皇は即位前に天皇と称して践祚し、後に神器を得たのであり、今はこれと類似するから準拠すべきである、として擁立を主張したのです。さらに、それを延元以後のいわゆる南北朝の分立と関連づけているのです。

それでは『保建大記』はどのような主張を展開していたのでしょうか。以下、これをみておきたいと思います。潜鋒は次のように述べています。

臣愿曰く、世に謂へらく寿永主を京師に立つるは、既に権変の宜にして、延元に預《あらかじ》め偽器を製するは、又方略の得なりと。臣以て然らずと為す。法皇祖訓の由る所、邦典の原《もと》づく所を思はず、天子を嬰《えい》褓《ほ》の中に択びて、宝祚を無璽の日に践ましむ。此れ神器を無《な》みするなり。寧ろ平氏の顚《てん》敗《ぱい》を待ちて、之が沈没するを嘆ぜんや。後醍醐は至誠を推して、以て威霊に任ずること能はず、区区辛勤して、偽器を製為す。此れ神器を淆《みだ》るなり。豈に南北紛争を須《ま》ちて、之が正偽を弁ぜんや。古に曰く、天人の応は、影響により捷《はや》しと。天聡蔽はれて神鏡災し、乾剛闕けて宝剣失す。嗚呼、天命は常に人事に原づき、妖災は必ず己に由りて起る。謹まざるべけんや。

寿永と延元を関連づけて論じているところをみますと、雲龍もあるいは参照したのかもしれません。一見して雲龍の論評と異なりますのは神器を論じていることですが、その神器の重みをふまえて論ずるという態度を堅持しているのです。その結果が「臣以て然らずと為す」すなわち「そうではない」なのですが、これは世間一般が「権変の宜」と「方略の得」として認める論に対するものです。潜鋒は法皇といえども神器を無《な》みしてはならないとするわけですけれども、土佐の谷秦山はここに「此れの法皇のなされかたは、神器が有ても無ても苦しからぬと云やうななされ方ぞ」と注釈されています。また、「後白河の君徳を失なされて、武臣に横柄を執られ玉へば、それに感じて宝剣が失たぞ。嗚呼天命の災祥は、人事の得失次第ぞ。妖災の出来ると云は、此の方から招いたものぞ。此の無璽に即位なされたが、日本の衰の基なり。」とも注釈を加えられていますが、そうだからこそ「謹まざるべけんや」なのだというのです。

さらに潜鋒は兼実の上言にもふれていますが、やはりここでは秦山の注釈をかかげてみましょう。

> 後鳥羽天皇三種の神器無して位に即《つき》玉ひしは、人謀の差極れり。世変の大なる勝《あげ》て言れぬことぞ。当時藤原兼実が、三種の神器なきに即位なさるると云ことが有ものか、必万世までの禍の例を啓《ひらく》なるべしと恐れたぞ。是もなるほど尤な遠慮にてはあれども、区々とあるを見れば、少々論議して、ぐずぐず云はれたばかりで、朝廷に建白して大に諫争めされなんだか、時の関白のつよく争玉ふことならば行はれまいものぞ。月の輪殿の御器量が足なんだなるべし。（以上の秦山の注釈は、杉崎仁氏『保建大記打聞編註』を参照しました）

「月の輪殿」は兼実のことですが、京都東山の月輪にありました山荘にちなんだ呼び名です。雲龍の「哀しまざるべけんや」という論評は「月の輪殿の御器量が足なんだなるべし」と通ずるかもしれませんが、潜鋒の議論の根本は神器論ですから雲龍との相異は認めなければなりません。しかも、その神器論は皇統の正閏を論ずるものですから、そこには大きな径庭があることは明らかです。

十五　『皇朝史略』の史論（続々）

続いて『皇朝史略』巻十二の論評を検討してみましょう。巻十二は最終巻です。二カ所の論評がありますが、いわゆる論賛としては結論ともいえる部分です。まずは、次の箇所です。

外史氏曰く、後村上帝一旅の衆を以て僅かに吉野を保つ。恃《たの》む所は名分のみ。足利尊氏、新主を擁立し、四海に号令す。而ども敢て吉野を犯さず。其の畏こむ所は亦名分のみ。而して已に直義の款《かん》を納《い》るに方り、帝をして能く藤原実世の言を用いしむれば之を誅し、以て典刑を正す。庶くば以て皇威を張り、紀綱を振ふに足るなり。而れども帝用ふる能はず。直冬《ただふゆ》、梟獍《きょうきょう》の姿を以て一旦窮蹙《きゅうしゅく》し、足を投ずる所無し。然る後、身朝廷に帰し、以て父に抗するを図る。悖逆の甚だしき罪は誅するを容れず。而れども帝又之を納れ、其の力を藉り、以て逆賊を滅ぼさんと欲するは何ぞ其の惑へるなり。夫れ、吉野区区の衆を以て、能く逆賊をして寒心落胆敢へて之に抗せざらしむる者は、名分僅かに存するを以てなり。今、乃ち悖逆の徒を納れ、惟《ただ》之を誅せざるにあらず。又、従ひて之を寵秩す。是、堂堂たる朝廷を以て逋逃《ほちょう》の淵藪と為すなり。其れ何ぞ以て能く天下の心を服せんや。向ふに帝をして二賊を誅し、以て大義を明かにしむれば、天下の人、豈に饗応せざる者有らんや。然る後、将に命じて師に出づれば則ち逆賊亡ぶべし。而して天下平らかなるべし。今は則ち然らず。悖逆を賞奨し、惟及ばざるを恐る。竟に逆賊をして以て口を藉るを得しむ。是よりの後、天下日に干戈を尋ね、乱臣賊子、武を世に摂する者亦名分紊れて彝《い》倫《りん》斁《やぶ》るるに由る故なり。嗚呼、人君為る者其の漸を防がざるべけんや。

南朝の後村上天皇を非難した論評なのですが、その論拠として「名分」を用いていることに留意しなければなりません。四カ所のうち第一と第三は後村上天皇の「名分」、第二は尊氏の「名分」となりますが、第四は一般論としての「名分」となるでしょうか。問題なのは第二の「名分」なのですが、新主（新しい天皇）を擁立しても吉野を攻めなかったところが「名分」に基づくというのです。これはどういうことでしょうか。果たして第一と第二の「名分」は同じものなのでしょうか。疑問を禁じ得ません。内容を検討してから考えてみることにしたいと思います。

「藤原実世の言」といいますのは、列伝にみえております。実世は幼い天皇を補佐しておりましたが、「直義の款」が窮迫しての命乞いであり、天威を借りて私讐を欲するためであるとして誅殺を主張しました。「款を納る」は内通するの意ですが、ここでは許しを乞うというのでしょう。実世の言が採用されればそれまでの手本を正し、皇威を増すことができたのですが、その言は用いられなかったのです。直冬は尊氏の子で、勅により大将・惣追捕使に任命せられた人物ですが、「梟獍」は悪賢い鳥獣の意で、いわば悪人のことです。その悪人が困って縮こまり、やがて父尊氏と対立して朝廷に帰順するわけですが、悖逆の罪があるにもかかわらずこれを許したのです。それを現代語訳で確認してみましょう。

本来なら誅戮すべきなのにそうなされなかったのは惑いがあったからであります。これで朝廷は淵藪（『書経』武成及び『左伝』昭公七年に「為天下逋逃主、萃淵藪」とみえています。逋逃は罪を犯して逃亡するもの、淵藪は魚や鳥獣の集まるところの意）、すなわち罪人の巣になったのですから、どうして天下の心が従うでありましょうか。二賊（直義と直冬）を誅戮して大義を明らかにすれば、天下の人はもてなしてくれるでしょうし、そして将軍に命じて賊を討てば天下は平穏になるでありましょう。しかし、今はそうではありません。逆に賊を奨して、その力を借りているありさまです。だから、天下は武力で乱れ、乱臣賊子がはびこり、名分が乱れて道理が廃れるのです。人君たる者はこのような状況に至ることを防がなければなりません。

こんなふうに論評するのですけれども、「名分」の用法には果たして矛盾はないのでしょうか。少なくとも第二の用法には違和感を禁じえません。これに関連して巻十一にみえる論評にも注目してみたいと思います。

外史氏曰く、孔子曰く、名正しからざれば則ち言順ならず、言順ならざれば則ち事成らずと。量《かず》仁《ひと》親王、既に帝の儲貳《ちょじ》と為り、帝の蒙塵するに方れば、則ち監国制を称するは固より其れ宜なり。然るに帝未だ位を譲らずして、太子既に賊と為る。立つる所を斥けて閏位と為せば則ち帝の位を復し、勢廃せざるを得ず。既に已に之を廃せば則ち故親王なり。安んぞ尊きを以て号を之に加ふべけんや。名の正しからざるは斯の甚だしきは莫し。恢復の初、庶績草創、紀綱紊乱、此の如し。

其れ再び播遷を致すなり。

「孔子曰く」以下は『論語』子路篇にみえるところですが、幽谷の「正名論」にも引用され、特に末尾に結論として述べられていることは周知の通りです。「量仁親王」は光厳天皇、「蒙塵」は天皇が戦乱で都に不在であること、「監国」は天子が不在の時に国を監することを意味します。ここでは光厳天皇に太上天皇の称号を贈ったことが名の正しからざることであり、それが紀綱紊乱となり、播遷の理由だとして後醍醐天皇を非難したわけです。この論評は『水戸市史』(中巻(三)の「皇朝史略」の項)や小松氏前掲書でも注目されておりますが、それは雲龍の史観をうかがう代表的事例と考えられたからでしょう。確かに足利氏の擁立した天皇に尊号を贈ることは名を乱すことにつながりかねません。雲龍の「正名」の解釈がうかがわれるところですが、やはり先の第二の用法とは異なっているといわざるをえません。巻十二の最後の論評には次のようにみえています。いわば、まとめに当たります。

外史氏曰く、孔子曰く、名は器とともに以て人に仮るべからず。源頼朝遙に朝権を執るより、朝廷の大事は皆鎌倉に決を取る。甚だ天子を廃置し、両宗迭立の儀を建つるに至る。卒に元弘の乱に致り、足利尊氏天子を擁立するに及ぶ。京師に拠り、以て大権を執る。公卿大臣皆其の鼻息を仰ぐ。義満に至るに逮《およ》び、驕僣滋《ますます》甚《はなはだ》し。殆ど王室に擬し、其の薨ずるや朝廷贈りて太上皇の号を以てす。陵替の甚だしきは古より未だ之有らざるなり。設《も》し義持をして之を受けしむれば、朝廷幾んど名器を并せて之を失ふ。幸いに義持受けず。能く臣子の分を守り、姦究をして覬《き》覦《ゆ》の心を絶えしむ。厥《そ》の後天下大乱して干戈相踵《つ》ぐ。然して世竟に隧《みち》を請ひ鼎を問ふ者有るなし。今に至りて簨簴《しゅんきょ》移らず。神器動くなし。朝廷の尊きこと万古一の如し。嗚呼、此れ神州の万国に冠する所以の者か。

ここに述べられていることは巻十一の論評と矛盾しないのでしょうか。義満に太上天皇の号が贈られたことを「陵替の甚だしき」として古来なかったことと述べてはおりますが、続く義持については臣子の分を守り、「姦究をして覬覦（下の者が上をのぞむの意）の心を絶えしむ」と評価しているのですから、雲龍は足利氏に至るまでの経緯を何と捉えたのでしょうか。何故に義公が南朝を正統とし、後小松天皇を以て筆を擱いたのか、という修史の意味を本当に理解していたといえるのでしょうか。たしかに末尾の「朝廷の尊きこと万古一の如し。嗚呼、此れ神州の万国に冠する所以の者か」という一節をみればまさに後期水戸学の認識ですけれども、そこに至る論述の経過はすこぶる異様なのです。この異様さはどこからくるのでしょうか。おそらくそれは「正名」の把握の相異によるものかもしれません。すなわち、幽谷が「名分を正す」と解したのに対して、雲龍は「名を正す」と解したところからくるものに違いありません（小松氏前掲書参照）。

ちなみに「名分を正す」という解釈は「正名論」によるところですが、東湖や正志斎は「正名論」が「君臣の大義」を述べたものとしています。なお、「簨簴」は鐘をかけるつり木のことです。

十六　幽谷の雲龍に贈る詩

『幽谷全集』収録の「幽谷詩纂」を繰ってみますと、雲龍に関連した詩を数首見い出すことができますが、作詩の状況が知られるものはまれです。その中で題詞が長く作詩の状況が窺えるのが、次の七言律詩二首です。まずは題詞から掲げましょう。

青雲龍、頃雪中に詩を論ずるの作有り。館中の諸君に示して和を需む。才力雄渾、季語人を驚かし、以て当世の詩豪を圧倒す。余病頼にして久しく吟哦を廃す。何ぞ以て之に当たるに足らん。然りと雖も、同寮の誼、以て和さざるべからず。原詩、腐を嫌ひ、新を要し、宋を祖とし、唐を祧するの語有り。因りて其の韻に次し、戯れに其の意に反し、以て一笑に供すと云ふ。

この題詞で注目すべきは冒頭に「青雲龍」とみえることです。それは「幽谷詩纂」に収める他の作では子世（雲龍の字）と記しているからです。遺憾ながら「雪中に詩を論ずるの作」をみることができませんが、館僚に自作を示して和韻を需《もと》めたわけです。その出来映えは素晴らしいもので当世の詩豪を圧倒するほどであり、今自分は病のために詩を賦することが出来ないけれども、そうかといって同僚の誼もあり和さないわけにはいかない、というのです。しかしながら、原詩の宋唐への拘泥をふまえての、それに対する戯れの韻ですから、「一笑に供す」というのでしょう。

才子の匠心琢彫を誇る
誰か能く相和して瓊瑤に報ずる
騒壇会あれども盟に主なし
筆陣鉾を争ひ戦ひ始めて挑む
宋元の詩派真に支裔
李杜は文宗是れ二祧《ちょう》
陳腐新奇曷ぞ嘗て定めん
天風雪を吹きて人の撩《みだ》るに任す

語釈をしてみましょう。「琢彫」は玉の美しさ、「瓊瑤」は美しい玉のことですが、ここでは雲龍の詩文手紙の尊称でしょう。「騒壇」は芸文界のこと、「文宗」は詞宗の意でしょうか。詞宗であれば李白と杜甫の才能をいうのでしょう。前述の幽谷書簡一四二にもみえています。「祧」は廟のこと、すなわち先祖を祀るたまやのことです。「撩」はからかうの意です。人をからかうの意に撩人という言葉があります。

「あなたの詩は玉のような美しさであり、誰がこれに和して報ずることができるでしょうか。文芸界には文壇があるのみでその盟主がありませんので、これに鉾を持って戦いを挑んだようなものです。しかし宋元の詩人は末流で、李白や杜甫は祀るべき存在です。陳腐で新奇をてらうのではどうして究めることができるでしょうか。自然に風や雪が吹くようにからかうのに任せるのみです。」

以上が大意です。

題詞に雲龍の号を用いておりますのは敬意の表明とはいえますけれども、安易な語法の戒めともみることができると思います。この一首は西村文則氏も引用して雲龍のこだわりを笑ったものと評されています（『藤田幽谷』）。才気溢れる雲龍の気性をかいまみることができるようです。

続く二首めは「再び前韻に和す」と題されています。

新詩雪を賦し句は彫の如し
唱和して何ぞ論ず石と瑤とを
追はんと欲す銀海波瀾の作
借に応じて糟丘酒力挑む
李仙杜史は高閣に束ね
白俗元軽遠く祧を同じくす
雲龍の変化君怪しむを休《や》めよ
奇語人を驚かし媟《せつ》撩るべし

やはり語釈を掲げます。「波瀾」は大波のことで文勢が一段と生動するさま、「糟丘」は酒かすを積みかさねたもの、「酒力」は酒のききめ、「李仙杜史」は詩仙（酒仙）の李白と詩聖の杜甫のこと、「白俗元軽」は白居易の詩は通俗で、元稹《しん》の詩は軽薄という批判のことば、媟はあなどる、けがすの意です。前韻と同様のことを詠んでおりますが、末尾二句には雲と龍の変化を怪しまないで、奇語に頼るなかれという戒めとでもいうべきものがみられます。「雪」が詠み込まれているのは雲龍の詩が雪中に詩を論じたものだからですが、この批評には厳しくも温かみのあるものを感じとることができるように思われます。いずれにしましても、交流の一端をうかがうことができる作です。

ところで、『会沢正志斎文稿』に「銀海波瀾序」という一文が収められています。冒頭に「銀海波瀾は館寮諸君の雪を詠ずるの詩なり」とみえています。この文章は享和癸亥季冬（三年十二月）の成立ですが、その中に詠詩の経緯が綴られております。「前月二十九日夜に雪が降り、翌日史館の諸君と宴を設けて詩を賦し、林子敬と隅田川に遊んだ。余興が尽きないので、朔日高橋・青山・清村・岡崎の諸氏と昨日同様に堤上を彷徨した。帰って高橋君が今日の余興を虚にするのは残念というので共に会して詩を賦することとした。諸君が私に集録を命じたので、さらに序を為した」。以上が概要です。その書名が「銀海波瀾」なのですが、「銀海」は蘇東坡の詩句により雪華の妙麗とその光輝、「波瀾」はその繽紛交錯のうちに花散り珠飛ぶ様のことです。

三句めに「銀海波瀾の作」とありますのは、この時の雲龍の作に幽谷が次韻したものだからでしょう。享和三年に幽谷は三十歳で、江戸に居を構えた年となります。

なお、『拙斎小集』に収める文化紀元春二月付の「銀海波瀾続集序」や後年の回想である「白戦唱和序」はこの宴に関する作です。

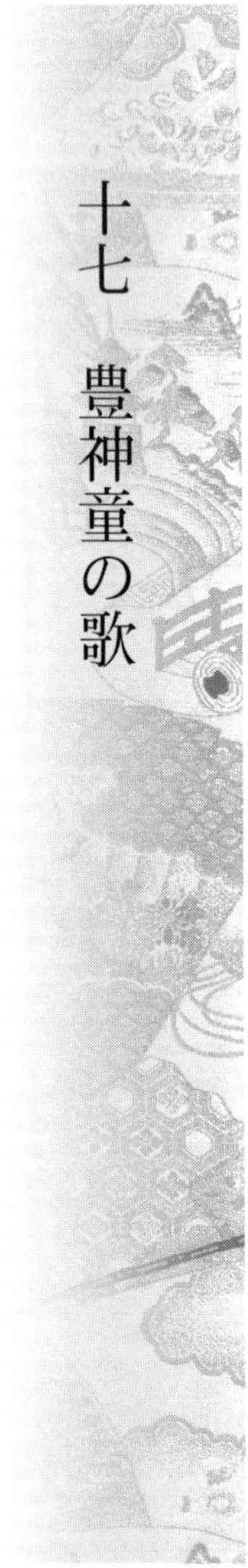

十七　豊神童の歌

青山雲龍に「豊神童の歌並びに序」という一文があります。文化十四年に「豊神童」、すなわち豊田天功のことですが、その天功は時に十三歳になっていました。その天功少年を見た雲龍が激励と期待を綴った文章なのですが、『松岡先生年譜』『拙斎小集』『文辞編年』等に収められています。序の一部を掲げてみましょう。

今春上巳、余、藤田子定の宅を過《よ》ぎり、豊神童なる者を見る。年纔《わずか》に十三、能く文を属す。子定、試みに元史を出して之を読ましむれば、五行並び下し、一覧して輒《すなわ》ち解す。既にして又、客歳作る所の雑文数篇を出して余に示す。余受けて之を読む。理致清遠、機軸は已に出で自ら一篇の文字を成す。歩驟雕琢《ほしゅうちょうたく》なる者の能く及ぶ所に非ざるなり。人才の美、未だ其の比を見ず。嗟呼《ああ》、文運否塞、人才凋弊、而して荒壌僻邑、乃ち若し異材生ずれば奇と謂ふべし。蓋し、我が上公不世の姿を負ひ、才徳夙《つと》に成る。則ち神童の出で、天意必ず在るに有り。斯豈に賀さざるべけんや。遂に歌を為すと云ふ。

「その日は上巳、すなわち三月三日の節句の日であったのですが、幽谷（子定は字）の自宅（青藍舎）で一人の少年を見たのです。その少年はわずかに十三歳ですが極めて学力がありました。幽谷が『元史』を読ませれば五行を同時に読んで一度に理解したというのです。また先に作るところの文章数編を見ますと、論理構成は見事でその発想は自らによるものでした。このような人才は見たことがありません。人材凋落の時に当たり、異材が出現するのは奇というべきであります。これはわが上公の君徳によるものでしょう。このような神童が現われますのは必ずや天意の在るところであり、愛でないわけにはいきません。そうして遂に、この歌を作ったのです」。以上が大意です。なお、いうまでもなく「豊神童」は雲龍による呼称ですが、ここに掲げましたのは序の後半です。「歩驟雕琢」はそそくさと良い文章を作ろうとするの意です。

ところで、「十三歳」で思い起こしますのは幽谷のことですけれども、実は序の前半に雲龍はそのことも綴っているのです。大意を取ってみますと「古来神童と称された者は少なくありませんが、十歳前後で詩文を作るのはまれです。天下の奇才と称されるのは徐勉・李賀・劉晏・班固・蘇世長・楊億・陸典の七人です。わが国（本朝の文字を充てています）では橘広相が九歳で応制詩を作り、菅公は十一歳で五言詩を作っています。元寛（元和・寛文）以後では鵜飼真昌が十歳で古詩を作り、木下順庵は十三歳で太平頌を作っています。近くはわが友藤田子定が十三歳で赤水翁寿序を作りましたが、これは異才なのです。西土では学問が盛んでありましても僅かにこの程度にすぎませんし、わが国（同じく本朝の文字です）のことを考えてみましても僅かであることを知るべきです。」となります。

続く歌には、次のように詠まれています。

君見ざるや豊氏神童は年十三、天才は夙に生青して藍より出づ、胸中に貫穿して今古に通ず。歴世の治乱は已に既に諳を尽くし、筆を下せば刻数にして千言、渾成して毫も斧鑿《ふさく》の痕無し。意気応に須《すべか》らく筆海に傾き、文勢は直ちに詞壇を圧せんと欲す。借問す、神童とは何許の人ぞ。是を言へば、北の坂上村を治め、父は農間に在りて耕し且つ牧す。貲《し》を損じて書を買ひ児に与へて読ましむ。余その言を聞くに尤も嗟異。誰か知らん、英材の山谷に生ぜんとは。元気は鬱勃、山谷の中。祥を孕み瑞を毓《そだ》てれば我が公と為る。天才は此の若く真絶倫。時異なれば必ず当に国珍と為るべし。噫嘻《ああ》大器は古より晩成を貴ぶ。厚く蓄へて慎み、利名を求むる勿れ。

おそらく幽谷が神童と呼ばれたことをふまえて、その門下から出た逸材の才能に感嘆して「豊神童」と呼んだのでしょう。そして将来は国の宝となるべく、大器晩成の期待をかけたのです。そこには雲龍の率直な思いが表明されていると思われます。後年（文政六年）総裁の雲龍が諸生に策問しました時、十九歳の天功は「禦虜対」という一文をつくりましたが、幽谷はその優秀さを認めて江戸に知らせたためにその名声が広まりました（青山延光は「豊田天功墓銘」に読者驚嘆と記しています）。幽谷は一子東湖（天功は一歳の年長）とともに大きな期待を寄せたに違いありません。果たして、その期待に違わず天功は東湖との親交を維持しつつ国事に奔走することになります。

天保十四年、三十九歳の豊田天功は烈公に修史を論じた長文の建白書を提出しています。雲龍没後の翌月に提出されたものですが（「烈公に上つて修史を論ずるの書」として『水藩修史事略』『松岡先生文鈔』に収められています）、一部を掲げてみましょう。

頃者《このごろ》、臣、窃かにその故を究め、その端倪《たんげい》を得たり。蓋し、儒者は議論を好み、一事ある毎に輒ち紛紜これを奪ひ、議論繁くして、而して実効少し。若し舎を道辺に作らば、三年にして成ること無し。国史の成らざる所以のもの、これに座するが故なり。上の史臣を督励して、速やかに前功を竣らざる所以のものは何ぞや。曰く、当今人材前人に及ばざるなり。それ修史の難き、志に出づるはなし。前輩安積覚、栗山愿、諸人を以てするも、尚志を作ること能はず。後人皆弁ずること能はず。安ぞ今人の能く纉《つ》いで、而してこれを成すを望まんや。姑《しばら》く舎《お》いて而して後来の英才を待つて可なりと。臣、窃かにに謂らく、然らず、それ異邦前世の史、最も卓絶無双と称するもの、司馬遷、班固のみ。その余は則ち指屈するに勝へず。本藩国史の始めて作る、時に博学にして良史の才ありと称せらるる者、又安積覚、栗山愿、三宅緝明のみ。今より之を視れば、安積、栗山諸子の文を以てするも、固より司馬遷、班固に及ぶこと能はず。尚能く草創討論、一時の良史と称せり。今人の文章を以て、その司馬遷、班固と並び馳せて、先を争はんの欲する、固より難し。然れども安ぞ安積、栗山の若き者あらざるを知らんや。勉力懈《おこた》らずんば、安ぞ司馬遷、班固に及ばざるを知らんや。

安積や栗山の諸氏はもとより司馬遷・班固にも迫ろうとする天功の熱烈な思いがにじみ出ている文面ですが、併せてその志類編纂の困難さもうかがえるところです。

国史の文章、固より史漢に踰《こ》えて、而してこれに上ること能はず。その議を取り、体を剏《はじ》むるが如きは、則ち義公の親しく定むる所、則ちその尊王正名の義、内外軽重の分、蓋し上は孔子の春秋に継ぎ、而して司馬遷、班固は蔑如たり。これ我が国史、果たして司馬遷・班固に勝れるなり。これ吾が邦国史有りて、而して人道始めて明かなるなり。故に志と表との若き、又この明時に及んで、而して之を纘成するに如くはなし、前輩固より俊偉非常の材あり。その文章膽逸の妙、以て国史を弁ずべきに足れり。然れども竟《つい》に業を卒ふること能はざるもの、蓋し時運の未だ会せざるに繇《よ》る。故に校勘訂正、空しく歳月を渉り、因循今に至りて、竟に成功あること無きなり。

「国史」は『大日本史』、「史漢」は『史記』と『漢書』のことですが、文章としては国史は史漢を超越することはできませんが、義公が主張しました「尊王正名の義」と「内外軽重の分」は司馬遷や班固の重視しないことであり、これは国史の勝れているところで、これがあって始めて人の道が明らかになるのです（傍線部に留意しますと、幽谷の修史観を見事に継承していることが知られます）。そのためにも志と表の編纂が重要なのです。先輩の皆さんは固より優れた方であり、国史編纂にその才を発揮されましたが、それでも完成できなかったのです、と述べて烈公に志表編纂の継続とその実行に自らが従事することを建言したのです。

天功は安政三年に史館総裁に就任しますが、翌年二月二十九日茅根伊予之介に宛てた書簡には志編纂についての見解が述べられています。茅根は東湖門の逸材です。

五か年の年限立候共、一日片時も油断不相成、小生一人如何様にも尽力可致候得共、将又十志いづれも御成就に不相成、其の比神祇志先に青山量介先生相調候分宜敷候得共、右先生三間ぱつしの流儀にて甚だ疎漏に御座候。尚更、唐風にの三相認候て、是は増補訂正不仕ては不相成勿論に御座候。又安積澹泊先生認候兵馬志・食貨志粗略皆書き直し不申ては不相成候。藤田幽谷先生刑法志、是は宜敷御座候処、文武帝あたり迄出来、其の跡は略増補不仕ては不相成候。其の外は更に不足論候。小生相認候仏事志、是も不宜、氏族志は尤増補不仕ては不相成候。中に天文・地理・礼楽抔多少の難事御座候へば、五か年中に埒明け候には一人にて参不申候。

この書簡は吉田一徳氏の『大日本史紀伝志表撰者考』に引くところですが、雲龍・澹泊・幽谷と恩師先輩の業績の不備を指摘しながらも、五カ年で成就しようという修志への決意がうかがえます。

ところで、吉田氏は「文公の享和修史復古後において紀伝校訂上木に大功のあったのは青山延于・延光父子が藤田一正を抜いて第一位に位すると私見では評価する。」（前掲書）と青山氏を評価されておりますが、これはこれで尊重したいと思います。ただ先にもふれました『貴重書解題』に収める夥しい雲龍宛幽谷書簡をみますと、紀伝校訂に関しても幽谷との協同作業であったことに思いを致さざるをえません。また、右の天功書簡からは雲龍の修志編纂の不十分さが浮き彫りにされますが（澹泊のそれも同様、また量介の表記にも留意しなければなりません）、幽谷のそれと比較しますと興味あるところです。

いずれにしましても、修志の困難がうかがわれるのですけれども、それを成し遂げていく天功の力量はかつて雲龍が「豊神童」として見抜いたところですから、雲龍の慧眼もさすがといわなければなりません。なお蛇足ですが、雲龍が「神祇志」の編纂に関与していたことにも注目しておきましょう。

蛇足のついでに逸事を紹介しておきましょう。「豊神童の歌」の二年ほど前のことです。幽谷は雲龍の家で飲食を共にしましたが、その時一編の小詩を持ち帰りました。そして、その詩を東湖（時に十歳です）に見せて、お前にはこのような詩ができるかと問うたところ、東湖は黙って考えた後に不可能であると答えたというのですが、この小詩が実は雲龍の長子である延光（伯卿）の作だったのです。延光は東湖より二歳の年少でした。学問的には相異がみられる幽谷と雲龍ですが、その交流の一端をかいまみることができます。この逸事は「東湖遺稿」に収める「塤篪《けんち》集の序」にみえています。『塤篪集』は青山兄弟の文集ですが、「塤篪」は兄弟の仲がよいことを意味します。

十八　幽谷と雲龍における学問形成の由来

後期の水戸藩が生んだ二人の歴史家について対比しながら考えてきましたが、両者の学問形成の由来を整理してまとめとしたいと思います。まず、もう少し雲龍についての言及を紹介しておきます。幽谷の高弟である会沢正志斎は「量介青山君墓誌」を書いております。量介は雲龍のことですが、正志斎は雲龍とともに史館総裁を務めていた時期があります。墓誌では著述として「明徴録」と「皇朝史略」をあげていますが、雲龍の子息であります延光の「先考拙斎先生墓表」には著書として「史略」「文苑遺談」「詞林摘英」「明徴録」（他に「神祇志」「国史料」も）があげられております。注目すべきは「皇朝史略」と「史略」との表記の違いです。延光は何故皇朝の文字を記さなかったのでしょうか。それは単に省略しただけなのでしょうか。

書名に関してはすでに述べておりますので繰り返しは避けますけれども、この書名は哀公から序を賜り正式に認められた書名でありますし、しかも哀公は皇朝の尊厳を示すために命名したと序文に記していますから、正志斎の墓誌のように「皇朝史略」と記すべきではなかったのかと思われます（幽谷の雲龍宛書簡には議論中のことですから「史略」とみえることを付記しておきます。本書の引用をご参照ください）。

また天保五年、雲龍は『皇朝史略』が天朝に達し、乙覧《いつらん》に備わりました際には感激の七絶を賦してもいたのですから書名を疎かにしてよいはずはありません。墓誌と墓表に共通する著述は『皇朝史略』と『明徴録』のみですから、少なくともこの二著が両者に雲龍の代表的著述という認識があったものと思われます。ですから「史略」という表記には疑問が残るところです。念のために付言しておきますと、『大日本史』でも『皇朝史略』でも一旦正式に名称が決定されますと幽谷はそれに従っているのです。そこには幽谷の「正名」観がうかがえると思います（『皇朝史略』は自らの提唱でもありますが）。

なお『明徴録』は幕府草創期の将軍三代と家臣の逸話を収録したもので、記述内容は年代的に安積澹泊の『烈祖成績』と一致するところがあります（『文辞編年』には「明徴録序」「上明徴録箋」が収められておりますが、「烈祖成績序」とは同列には論じられないように思います）。『明徴録』の編纂は翠軒派の『垂統大記』の場合と類似することを思わないわけにはいきません（『垂統大記』については『藤田幽谷のものがたりⅡ』、『烈祖成績』については『安積澹泊のものがたり』をご参照ください。小宮山楓軒が記した『垂統大記』の「重修議例」によりますと、延光も編修に加わっていますのでさもありなんとの思いを懐きます）。

次に考えておきたいと思いますのは神道や国学との距離感です。雲龍の父延彝は神道関連の著述をものしており、水戸藩中期の神道学者と位置づけられます。雲龍も『文苑遺談』に「先生」と表記しながら神道局を掌り、国学に努めて神祇の事を問い、よく国学に通じたとしています。そして、丸山可澄以後の国学を掌るのは「先生」あるのみとも記しています。雲龍によりますと、国学は

「国朝の学」で、延彝がこの学に通じていたということになります。それでは、このような延彝の神道的素養は雲龍に継承されたのでしょうか。実は先の天功書簡や延光の墓表にみえる通り雲龍も「神祇志」の編修に関与してはいたのですが、神道的あるいは国学的素養は必ずしも継承されたとはいいがたいようです（管見の範囲で見出すことができた関連著述は『拙斎小集』に収める「二十八社攷序」のみです）。

そこで検討したいと思いますのは、先に紹介しました幽谷の雲龍宛と雲龍の幽谷宛書簡です（十一章と十二章をご参照ください）。そこでは幽谷が『古事記伝』を繙閲抄録したことが知られ、国学への関心がうかがえたのですが、雲龍はそれを「和習御好」と批判し、かつての足下とは別人のごとくだとして寛政九年の「校正局諸学士に与ふるの書」を掲げているのです。この一事からも雲龍の国学的なものへの拒否感は明らかですけれども、加えて「高橋子大に答ふるの書」に義公の『拾葉集』を「遊戯に出づる」と評していたことを指摘すれば十分かと思われます（五章をご参照ください）。要するに、神道や国学の本質を把握できなかったのではないかということです（『文苑遺談』中の安藤為章〈為実の項に付随〉や延彝の項に「国学」の文字が使用されていますので、「国学」に国文学的要素と神道的要素がともに含まれることは認識していたはずです）。

また直接には関連しないのですけれども、「豊神童」と雲龍が称えた豊田天功の「禦虜対」という一文には神道に関しての言及があることを紹介しておきたいと思います。「禦虜対」は総裁としての雲龍が諸生に課した課題に対する答案なのですが（十七章をご参照ください）、「醜虜の中国を覬覦《きゆ》するは実に天下の大患なり」で書き出す序に続く本文は千三百字にも足りないものですが（「正名論」よりやや少ない字数）堂々たる文章です。ここでいう「中国」はわが国のことです。幽谷が激賞したというのも宜なるかなとの思いを強くします。文中に「神道」の文字が五カ所みえます。とりわけ「我が中国は開闢以来、立てて神道を崇び、天地の神祇を奉事す」という一節がありますし、兵備を整えるのは当然のこととして、神道により「中国の正気」を起こし、また「膺懲の大義」を明らかにすることが「神統無窮」「万歳千秋」となることを主張したのです。この答案を雲龍はどのような面持ちで見たのでしょうか。

雲龍は海防（攘夷）に決して無関心であったわけではありません。むしろ関心があったからこそ課題としたのですし、那珂湊の沖合に番船（異国船）が出現した時には筆談役として派遣され、その調査内容を「番舶記」として記録し、また海防の封事も提出していますし、幽谷とも議論しております。後年のことですが、正志斎の「禦侮策」（二作あり）に「天朝開闢而来、天日の胤を以て四海に照臨し、万世歴々として天壌とともに窮まりなし」とみえるような認識は若き天功とも通ずるものですけれども、このような認識が雲龍にはありません。それは神道的素養の欠如を示すものではないでしょうか。

正志斎の「禦侮策」にみえる天朝はわが国の意に解することもできますが、ここでもう一度雲龍の皇朝の把握について考えてみたいと思います。それは余りに字面に拘りすぎではないかとの見方もあるかもしれませんが、一字一句を疎かにしないのは水戸史学の精神でもありますから決して見逃されてよいはずはありません。むしろ、これは水戸の学問思想を考える際の重要なキーワードではないかと思われます。

さて、雲龍の主著ともいうべき『皇朝史略』に関して、その序文や子息延光の墓表が皇朝の文字を避けていることはすでに指摘しました。むしろ雲龍は『文苑遺談』にみられますように青山家の学問を「国朝の学」として捉えていたように思われますし、それは「藤子定の江戸に之くを送るの序」以来の一貫したものです。いうまでもなく、「すめらみくに」であるというわが国への思いが皇朝の文字となっているのですけれども、国朝や本朝もわが国の意味で通常使用しますから特に問題はないように思われます。

しかしながら、幽谷や正志斎の使用例と対比しますと、そこにはまた異なる問題が横たわっているようです（六章をご参照ください）。幽谷は「正名論」以来（前年の「原子簡を送るの序」の天朝をも含めてよいと思いますが、文化七年の「大日本史を進つるの表」には本朝の用例がみられます。これは武公に代わって書かれたものですから例外とすべきものでしょう）、晩年の「皇朝史略の序」まで一貫して皇朝の文字を使用しております。それに対しまして、雲龍が皇朝の文字を避けていたことはこれまでに取り上げました種々の文章において明らかであろうと思います。さらに付加しますと「豊神童の歌」や封事においても本朝の文字を使用しています。あの澹泊でさえも皇朝の文字を多用し、徂徠派の大内熊耳が使用した国朝を排除しているのです（『現代水戸学論批判』をご参照ください。「論賛」には皇朝の他に国朝の文字が散見しますが、後年の刊行であり、異本もありますから厳密には参考となりません。なお、「村篁渓の江戸に之くを送るの序」「（河合）正脩に与ふる書」をはじめとして徂徠派との書簡などにも皇朝の使用例が多くみられますが、皇朝と革命を対のように用いている場合もあります。雲龍の場合は本朝はともかく国朝に重きを置いていることに留意しなければならないと思います）。

このように両者の学問形成の由来をみてきますと、幽谷は義公以来の神道的素養をふまえながら、皇朝や国体の理念によってわが国の歴史を捉えていたと結論できますが、またそれは栗山潜鋒の学問を承けたものとしてよいでしょう。一方、雲龍は儒学的素養を基礎としながら、わが国の歴史の「是非（善悪）得失」の解明におき、『大日本史』紀伝の校訂に尽力したわけですが、それは三宅観瀾の史学に連なるものではありましても、神道的な要素をうかがうことはできないように思われます。それは潜鋒と観瀾が神器観において合致しなかったことを思い起こさせますけれども、さらに両者の学問はそれぞれの子弟に継承されたことにもみられるようです。東湖は延光の二歳年長、天功は東湖の一歳年長ですから、その子弟は殆ど同年なのです。しかし、父子（門人の天功も含めて）二代にわたって国事への関与には濃淡があり、青山氏一族は世事からはやや距離を置いた感がありますので、その観点からみますと皇朝や国体の理念を自らのものとしては自覚しなかった、あるいは重視しなかったのは当然といえるかもしれません。

幽谷が「皇朝史略の序」に「平生持論とする所多く余と異なる」と記したのは、このような相異をふまえてのことに違いありませんし、その一端が「正名」の理解の相異にみられるということでしょう。

こうしてみますと、やはり結論として両者の義公観に思いを致さなければならないと思います。義公の思いをどのように理解したか、そしてその義公の思いをわが国の歴史とどのように関連づけて理解したか、あるいはまた義公が探求しようとした神道をどのように理解しようとしたか、これらの理解の相異がそれぞれの学問形成に大きな役割を果たしたのではないでしょうか。そして、その点に水戸学の神髄を理解する重要な鍵が潜んでいるように思われます。

あとがきにかえて——春秋論の考察——

『幽谷全集』には『春秋』に関する「列国史書の通を春秋と名づくるの論」と「春秋は独り魯史の名にあらず」という二論が収められていますが、前者は「幽谷遺稿別輯」の論の部冒頭にあり、あいにくと執筆年代がみえておりません。続いて収める「天王弁」が天明七年の作となりますから、また同じく『春秋』を論じているところからみますと同年の作かもしれません。後者は「幽谷先生遺稿」の雑の部にあり、寛政二年庚戌三月の作とみえますから十七歳の論文です。ただ、題名は全集収録の他の文章と比べて整った感じがしませんので、未定稿か、あるいは編集者によるものでしょうか。

以下「列国史書の通を春秋と名づくるの論」を検討してみたいと思います。全文は次の通りですが、「通」とは通り名、通称の意味でしょう。

日知録に曰く、周官の大卜は三易の法を掌る。一に曰く、連山。二に曰く、帰蔵。三に曰く、周易。連山・帰蔵は易に非ざるなり。而れども三易と云ふは、後人、易の名に因て以て之を名づくるなり。猶、之、墨子の書に周の春秋・燕の春秋・宋の春秋・斉の春秋と言ふごとし。周・燕・宋・斉の史は必ずしも皆春秋に非ざるなり。而れども春秋を云ふ者は魯史の名に因て以て之を名づくるなりと。按ずるに、顧氏、三易の名を論ず。之を得て春秋の名を論ずれば則ち之を失ふ。蓋し、孟子に、晋の乗・楚の檮杌《とうこつ》・魯の春秋の言有るに因て、以為らく、史を命ずるに春秋を以てす。魯国にして已むは特に知らず。孟子、孔子の春秋を作すを主ると言ふ。故にしか云ふ。その実春秋は列国史書の総称にして、伝記に名証有り。乗・檮杌は、其の別名なるのみ。左伝の昭公二年に伝ふ。晋の韓宣子、魯に聘せられ、書を大史氏に観る。易象と魯の春秋とを見ると。蓋し、春秋にして魯を云ふは以て他国の春秋に別するのみ。若し魯史をして春秋の名を専らにせしめば、則ち左氏の事を記すは、何ぞ以て魯の春秋を称せんや。晋語に、司馬侯、悼公に対へて云ふ。羊舌肸《ようぜつきつ》、春秋に習ふと（韋昭《いしょう》曰く、時に孔子未だ春秋を作らず）。是れ、晋・楚の史、亦春秋と名づくるなり。故に乗・檮杌は乃ち其の別名と知るなり。夫れ、事を記すの法は日月四時を繋ぎ、以て年を編む。国史の常にして其の通を春秋と名づく。亦宜なり。漢書の叙伝に云く、策書を春秋に垂れ、師の古注、春秋は史書の総称なりと。偶々、左伝正義を閲して亦云く、案ずるに、外伝の申叔時・司馬侯は、乃ち是れ、晋・楚の人、其の言に亦春秋と云ひ、乗を檮杌と言はず。魯には別号無し。故に其の本名を守ると。賈逵《かき》曰く、周礼は尽く魯に在り。史法最も備はれり。故に史記は周礼と名を同じくす。然れば則ち、晋・楚、豈に当に自ら不備を知り、故に別して悪名を立つべしと。此れ、其の尤も拠るべき者なり。且つ、周礼は連山・帰蔵・周易を以て三易と為す。是れ、文に臨むの然らざるを得ざるなり。墨子の書は則ち此と異ならんか。若し周・燕・宋・斉の史をして春秋の名を無からむれば、則ち墨子何ぞ苦しみ、之を春秋と称せんか。顧氏は博洽の士なるも、豈に未だ之に深考せざるか。

冒頭に引用の「日知録」は明末清初の考証学者である顧炎武（寧人は字、幽谷は顧氏と記す）の著述です。引用の前半は『周礼』春官（篇名）の大卜条にみえておりますが、それを顧氏が引いたわけです。「周官の大卜」はトいを担当する官吏の、「連山」とか「帰蔵」というのは占い書の名です。「墨子の書」は『墨子』の明鬼下篇にみえています。「孟子」はいうまでもなく書名ですが、その離婁章句下篇にみえる引用です。「晋の乗」「楚の檮杌」「魯の春秋」はそれぞれの国の史書の呼び方のことで、乗は行事を記載する、あるいは夷狄などとの戦争に用いる兵車、檮杌は悪事を記して世の戒めを意味します（新釈漢文大系『春秋左氏伝』一の解題）。「左伝の昭公二年に伝ふ」は『春秋左氏伝』昭公二年の条にみえることを指しています。「韓宣子」は韓起のことで人名、「大史氏」は歴史を掌る役所のこと、「晋語」は『国語』巻第十三の晋語七の末尾にみえていますが、悼公は晋王、司馬侯は大夫、羊舌肸（叔嚮という人のこと）は大夫、賢人として知られ太子の教育係にしたという記事を引いています。「事を記すの法は日月四時を繫ぎ、以て年を編む」は『春秋左氏伝』序の冒頭にみえており、「左伝正義」は唐の孔頴達らによる注釈のこと、賈逵は後漢の初期に「左伝」を広めた学者で『国語解詁』の著があります。

注にみえる韋昭は三国時代の呉の人で『春秋外伝国語注』の著者として知られています。一般に『国語』を「春秋外伝」、『春秋左氏伝』を「内伝」と称したのですが、韋昭は『左氏伝』を『春秋』の直接的解説書、『国語』を間接的参考書と考えたといわれています。後に「春秋外伝」と「国語」

の名称を合わせて「春秋外伝国語」と称し、その注が作られたのですが、その注の一が韋昭によって著されたわけです（新釈漢文大系『国語』上の解題）。なお、『春秋』は春夏秋冬、すなわち一年を意味しており、年月を追って行事を記載する編年体の史書です。

この論では顧氏が三易によって『春秋』を論じたことが当を得ておらず、その理由を考察しているのです。

○

同じく全集に収めます「春秋は独り魯史の名にあらず」を検討してみますと、主旨は全く同様で引用書もほぼ同じです。また、同一の表現も用いられておりますから増補改訂したものかと思われます。増補改訂といいますのは、小宮山子実（楓軒）の主張を新しく取り入れ、『孟子』の引用が少し増えており、さらに、これがもっとも大きい変更なのですが、「日知録」を冒頭から中程に移して直接の引用を省いているからです。確かに、三易は論旨に関連するとはいえませんから、墨子の主張を借りれば充分と考えられたのかもしれません。また『漢書』からの引用が詳細となり、大幅に分量が増えています。

要するに、『春秋』の名称は孔子以前から使われていることを示して、魯史のみに限定する必要がないことを論じているわけです。それが小宮山子実の疑問と合致し、顧炎武説への批判となったのです。文末に「顧炎武は広く学問に通じてはいるが、考察が不足している」と述べられていますのは同一の結論です（前者論文の傍線部参照）。いずれにしましても、名称論にすぎないのですけれども若き幽谷の『春秋』への関心の大きさをうかがう論文といえます。

◯

本書を執筆するに当たり、今回も先学の学恩を多くいただきましたが、主として参考としましたのは次の書物です。

吉田一徳氏『大日本史紀伝志表撰者考』（昭和四十年）

小松徳年氏『水戸藩の文化と庶民の生活』（平成十三年）

井坂清信氏『江戸時代後期の水戸藩儒――その活動の点描――』（平成二十五年）

さらに関連の史料として『幽谷全集』はもとより『文辞編年』『文苑遺談』（日本儒林叢書第三巻）『水藩修史事略』『貴重書解題――藤田幽谷書簡――』、そして木版本『皇朝史略』や『拙斎小集』などです。とりわけ『文辞編年』は水戸史学会副会長の久野勝弥様のご配慮により拝見する機会を得ました。その他『水戸市史』をはじめとして前著等に掲げました著書・論文をも含めてお世話になりましたので重ねて御礼を申し上げます。

なお、本書の内容は私のブログ（BLOG江風舎）に掲載したものですが、それに多少の手を加えて一書としましたことを付記します。

末尾になりますが、水戸史学会及び錦正社の皆様に深甚なる感謝の意を表します。

著者略歴

梶《かじ》山《やま》孝《たか》夫《お》

昭和 26 年　茨城県生
大学卒業後茨城県内の私立学校に奉職、平成 24 年 3 月退職
現在　水戸史学会理事
　　　温故学会顧問
　　　博士（文学）

主要著書　新版佐久良東雄歌集（錦正社）
　　　　　水戸の國學—吉田活堂を中心として—（錦正社）
　　　　　水戸派国学の研究（臨川書店）
　　　　　大日本史と扶桑拾葉集（錦正社）
　　　　　現代水戸学論批判（錦正社）
　　　　　大日本史の史眼—その構成と叙述—（錦正社）
　　　　　藤田幽谷のものがたり（錦正社）
　　　　　藤田幽谷のものがたりⅡ（錦正社）
　　　　　安積澹泊のものがたり（錦正社）

藤《ふじ》田《た》幽《ゆう》谷《こく》のものがたり Ⅲ

平成二十九年十一月　三日　印刷
平成二十九年十一月十五日　発行
※定価は表紙に表示してあります。

著　者　梶山孝夫
発行者　中藤正道
発行所　株式会社　錦正社
〒一六二—〇〇四一
東京都新宿区早稲田鶴巻町五四四—六
電　話　〇三（五二六一）二八九一
FAX　〇三（五二六一）二八九二
URL　http://kinseisha.jp/

印刷所　株式会社　文昇堂
製本所　株式会社ブロケード

ISBN978-4-7646-0133-8